ILUMINAÇÕES
DA ALMA

Dados Internacionais de Catalogação na Publicação (CIP)
(Câmara Brasileira do Livro, SP, Brasil)

Osho, 1931-1990
    Iluminações da alma : meditações e aforismos para o bem viver /
Osho; tradução Denise de Carvalho Rocha. — São Paulo: Cultrix, 2017.

    Título original: Words from a man of no words
    ISBN 978-85-316-1435-4
    1. Aforismos 2. Espiritualidade 3. Meditações 4. Osho —
Ensinamentos 5. Vida espiritual I. Título.

17-09433   CDD-299.93

Índices para catálogo sistemático:
1. Espiritualidade : Osho : Religiões de natureza universal 299.93

OSHO

ILUMINAÇÕES DA ALMA

Meditações e Aforismos para o Bem Viver

Tradução
Denise de Carvalho Rocha

Editora Cultrix
SÃO PAULO

Título original: *Words from a Man of no Words.*

Copyright © 1989, 2015 **OSHO** International Foundation, www.osho.com/copyrights.

Copyright da edição brasileira © 2017 Editora Pensamento-Cultrix Ltda.

Copyright imagens **Osho** © **OSHO** International Foundation

Texto de acordo com as novas regras ortográficas da língua portuguesa.

1ª edição 2017.

O material que compõe este livro foi selecionado a partir de várias palestras dadas por Osho a uma plateia ao vivo. Todas as palestras de Osho foram publicadas na íntegra em forma de livro e também estão disponíveis em gravações originais. As gravações e os arquivos de textos completos podem ser encontrados na OSHO Library, em www.osho.com.

Todos os direitos reservados. Nenhuma parte deste livro pode ser reproduzida ou usada de qualquer forma ou por qualquer meio, eletrônico ou mecânico, inclusive fotocópias, gravações ou sistema de armazenamento em banco de dados, sem permissão por escrito exceto nos casos de trechos curtos citados em resenhas críticas ou artigos de revistas.

OSHO® é uma marca registrada da Osho International Foundation (www.osho.com/trademarks), usada com a devida permissão e licença.

A Editora Cultrix não se responsabiliza por eventuais mudanças ocorridas nos endereços convencionais ou eletrônicos citados neste livro.

Editor: Adilson Silva Ramachandra
Editora de texto: Denise de Carvalho Rocha
Gerente editorial: Roseli de S. Ferraz
Produção editorial: Indiara Faria Kayo
Editoração eletrônica: Mauricio Pareja da Silva
Revisão: Vivian Miwa Matsushita

Direitos de tradução para o Brasil adquiridos com exclusividade pela
EDITORA PENSAMENTO-CULTRIX LTDA., que se reserva a
propriedade literária desta tradução.
Rua Dr. Mário Vicente, 368 – 04270-000 – São Paulo – SP
Fone: (11) 2066-9000 – Fax: (11) 2066-9008
http://www.editorapensamento.com.br
E-mail: atendimento@editorapensamento.com.br
Foi feito o depósito legal.

Sumário

Prefácio... 7

Passagens.. 11

Sobre Osho 113

Osho International Meditation Resort 115

Para mais informações...................................... 118

Prefácio

Toda multidão é uma multidão heterogênea, mas nenhum indivíduo é heterogêneo. Todo indivíduo é uma consciência autêntica. No momento em que se torna parte da multidão, ele perde sua consciência. É dominado pela mente coletiva, mecânica.

O que estou fazendo é uma coisa muito simples. Estou tirando indivíduos das multidões heterogêneas e devolvendo-lhes a sua individualidade e dignidade. Eu não quero nenhuma multidão no mundo. Tenha ela se formado em nome de uma religião ou em nome de um país ou em nome de uma raça, não importa. A multidão como tal é torpe, e foi a multidão que cometeu os maiores crimes deste mundo, porque a multidão não tem consciência. É uma inconsciência coletiva.

A consciência faz o indivíduo ser uno — um pinheiro solitário dançando ao vento, o pico solitário e ensolarado de uma montanha em toda a sua glória e beleza, um leão solitário e seu rugido tremendamente belo, que ecoa por quilômetros nos vales.

A multidão é sempre de ovelhas. E todos os esforços do passado foram para converter cada indivíduo num dente da roda, numa parte inoperante de uma multidão inoperante. Quanto mais inconsciente for o indivíduo e quanto mais dominado pela coletividade for seu comportamento, menos perigoso ele é. Na verdade, ele se torna quase inofensivo. Não consegue destruir nem a sua própria escravidão.

Pelo contrário, ele começa a glorificar a sua própria escravidão — sua religião, sua nação, sua raça, sua cor. Essas são suas escravidões, mas ele começa a glorificá-las. Como indivíduo, ele não pertence a nenhuma multidão. Toda criança nasce como um indivíduo, mas raramente alguém morre como um indivíduo.

Meu trabalho é ajudar você a enfrentar a morte com a mesma inocência, com a mesma integridade, com a mesma Individualidade com que enfrentou seu nascimento. Entre o nascimento e a morte, sua dança deve continuar sendo uma busca solitária e consciente pelas estrelas: sozinho, intransigente, um espírito rebelde. A menos que tenha um espírito rebelde, você não tem espírito nenhum. Não há nenhum outro tipo de espírito que você possa ter.

Osho
O Rebelde

Quando a mente sabe, damos a isso o nome de conhecimento. Quando o coração sabe, damos a isso o nome de amor. E quando o ser sabe, damos a isso o nome de meditação.

A verdadeira pergunta é: "Quem sou eu?" E a única maneira de saber é ficar em silêncio, ficar alerta, ficar atento. Observe seus pensamentos e deixe-os desaparecer. Um dia você vai descobrir que tudo ficou silencioso, nem sequer um sussurro na mente. Tudo parou, como se o tempo tivesse parado. E de repente você acorda de um sonho muito longo, de um pesadelo.

Existe apenas uma porta que pode ajudá-lo e ela está dentro de você. Dando um salto para dentro de si mesmo, você mergulha na existência. Nesse momento, você sente uma imensa unidade com tudo.

A partir daí você não está mais solitário, não está mais sozinho, porque não *existe* ninguém além de você. Só existe você se expandido em todas as direções, em todas as manifestações possíveis. É você que floresce na árvore, é você que está se movendo numa nuvem branca. É você no oceano, no rio. É você nos animais, nas pessoas.

Eu não estou lhe dando um novo conjunto de dogmas, crenças, credos, ideologias — em absoluto. Minha função é totalmente diferente: minha função é tirar o que você tem e não lhe dar coisa alguma em troca, porque, se eu tirar uma pedra e colocar outra pedra no lugar, sou ainda mais perigoso do que aquele que colocou a primeira pedra. A primeira pedra estava desgastada e você estava cansado dela, ela não estava mais nutrindo seu ser. Era uma pedra, como poderia nutri-lo? Você estava carregando um fardo e lentamente pode ter tomado consciência de que era melhor largar essa pedra.

Mas, com uma pedra nova, começa uma nova lua de mel. Você começa a pensar que talvez essa pedra seja a correta. Não vou substituí-la por outro sistema de crenças em você. Sou simplesmente destrutivo. Você ficará surpreso ao perceber que sou simplesmente destrutivo — quero destruir tudo o que forçaram sobre você. Não há necessidade alguma de substituir isso por outra coisa.

A criatividade é o seu potencial intrínseco, eu não tenho que criá-la. Depois de removidos os obstáculos, você começa a crescer e fluir, começa a sua busca por si mesmo. E logo ganha forças e um novo poder, pois até uma pequenina descoberta que você fez sozinho lhe trará uma felicidade imensa, como jamais imaginou. Basta uma pequena descoberta feita por si mesmo e você já é um ser diferente, porque agora a verdade nasceu em você. Pode ser só uma semente, mas já é um começo.

Simplesmente conte quantos pensamentos são realmente seus e você ficará surpreso ao perceber que nem um único pensamento é seu de verdade. Todos são de outras fontes, todos são emprestados — ou despejados sobre você pelos outros ou tolamente despejados sobre você por você mesmo. Mas nada é seu.

Lembre-se de um critério: só tem valor aquilo que você mesmo sabe. E não há como perder o que você sabe. Qualquer coisa que possa ser perdida, e que você tenha que agarrar, não pode ter valor, pois pode ser perdida. Isso mostra que você não a adquiriu por experiência própria.

Dizem que estou fazendo uma lavagem cerebral nas pessoas. Não, não estou fazendo uma lavagem cerebral nas pessoas. Mas estou certamente fazendo uma limpeza no cérebro delas — eu acredito na lavagem a seco!

Comece de novo: uma lousa em branco, sem nenhuma crença, sem dogma, sem fé. Então há uma possibilidade de que você descubra o que é a verdade. E a verdade não é nem hindu, nem muçulmana, nem cristã. A verdade não está na Bíblia, nem no Alcorão, nem no Gita.

A verdade que você vai encontrar — você ficará surpreso — não está escrita em lugar nenhum, não pode ser escrita. É impossível escrevê-la. Nunca foi nem nunca será proferida por ninguém.

Sua mente está sempre perguntando "Por quê?" e "Para quê?". E qualquer coisa que não tenha resposta para a pergunta "Para quê?" aos pouquinhos passa a não ter valor para você. É assim que o amor perdeu seu valor. Que sentido há no amor? Para onde ele o leva? O que você vai conseguir com ele? Vai atingir alguma utopia, algum paraíso? Claro, o amor não tem nenhum significado nesse sentido. Ele é inútil.

Qual o sentido da beleza? Você vê um pôr do sol, fica inebriado, porque é tão bonito... Mas um idiota pode chegar e perguntar: "Qual o sentido disso?". E você não terá resposta. E, se a beleza não tem nenhum sentido, para que você vai ficar admirando-a desnecessariamente?

Uma flor bonita ou uma pintura bonita, uma música bonita, uma poesia bonita não tem nenhum sentido. Não são argumentos para se provar algo, nem são meios para se alcançar um fim. Viver consiste apenas nessas coisas inúteis.

Deixem-me repetir: viver consiste apenas nessas coisas que não têm nenhum sentido, que não têm significado — **significado** no sentido de que não têm nenhum objetivo, não levam você a lugar nenhum, não fazem com que ganhe nada. Em outras palavras, viver é significativo por si mesmo.

ão estou lhes prometendo nenhum reino de Deus, você não vai herdar nada. Você já herdou. Herdou a sua vida. Seja amoroso e respeitoso com ela.

á milagres que continuam acontecendo ao redor do mundo. Pessoas que nunca viveram morrem. Que impossibilidade! Mas acontece todos os dias.

E muitas reconheceram isso no momento da morte e disseram: "Que estranho... Pela primeira vez estou percebendo que não vivi".

Se você está vivo, pelo que está vivendo? Para amar, desfrutar, extasiar-se. Caso contrário, para que viver, afinal?

Respeite a vida, reverencie a vida. Não há nada mais sagrado do que a vida, nada mais divino do que a vida.

A existência como tal não tem significado. Nem deixa de ter. Significado é algo simplesmente irrelevante para a existência. Não há nenhuma meta que a existência esteja tentando alcançar. Não há nenhum lugar para onde ela esteja indo. Ela simplesmente é.

O significado é voltado para um objetivo, um propósito, uma realização. A mente do ser humano é que traz à baila o problema do significado.

A mente é a causa principal de todas as perguntas que surgem em você. A mente não consegue ficar à vontade com as coisas como elas são. Isso é da natureza da mente.

As pseudorreligiões dependem de se disciplinar a mente. A primeira tarefa da religião autêntica é colocar a mente de lado. E, de certa forma, isso é muito simples.

As disciplinas são muito difíceis. Treinar a mente para a concentração é muito difícil, porque ela vive se rebelando, vive caindo nos antigos hábitos. Você a domina e ela escapa. Você a traz de novo para o assunto em que estava concentrado e de repente descobre que está pensando em outra coisa e se esqueceu de que estava concentrado. Não é um trabalho fácil.

Mas colocá-la de lado é uma coisa muito simples, não tem dificuldade nenhuma. Tudo que você tem a fazer é observar. Seja o que for que esteja acontecendo na sua mente, não interfira, não tente detê-la. Não *faça* nada, porque tudo o que fizer será uma disciplina.

Não faça nada. Basta observar.

A coisa mais estranha sobre a mente é que, se você se torna um observador, ela começa a desaparecer. Assim como a luz dispersa a escuridão, a vigilância dispersa a mente — seus pensamentos, toda a sua parafernália. Portanto, a meditação é simplesmente vigilância, consciência — e isso a *revela*. A meditação não tem nada a ver com inventar. Ela não inventa nada, simplesmente descobre o que existe.

E o que existe? Você entra e descobre um vazio infinito, tão tremendamente belo, silencioso, tão cheio de luz, tão perfumado! Você entrou no reino de Deus. Nas minhas palavras, você entrou na divindade.

E depois que entra nesse espaço, ao sair você é uma pessoa totalmente nova, um novo ser humano. Agora você está com o seu rosto original. Todas as máscaras caíram. Você viverá no mesmo mundo, mas não da mesma maneira. Estará entre as mesmas pessoas, mas não com a mesma atitude e a mesma abordagem. Você viverá como um lótus na água: na água, mas absolutamente intocado pela água. A religião é a descoberta dessa flor de lótus interior.

T oda a minha abordagem religiosa consiste em devolver você a você mesmo.

Você foi roubado, encoberto, condicionado de todas as formas possíveis. Todas as portas para abordar a si mesmo foram fechadas. Todo o meu trabalho se resume em criar portas e janelas dentro de você. E se eu conseguir retirar todas as paredes e deixá-lo a céu aberto, você vai saber o que é religião.

A amizade desapareceu do mundo, assim como o amor. A amizade só é possível quando você está nu, do jeito que é, não como as pessoas querem que você seja, não como você deve ser, mas simplesmente do jeito que é. Quando duas pessoas se abrem uma para a outra assim como elas são, a amizade acontece.

Quando duas pessoas estão dispostas a deixar cair suas máscaras, elas dão um enorme passo em direção à religiosidade. Por isso, o amor, a amizade, qualquer coisa que o ajude a deixar cair sua máscara, está levando você para a religião.

A investigação é um risco, ela está seguindo rumo ao desconhecido. Não se sabe o que vai acontecer. A pessoa deixa tudo que um dia conheceu, com que um dia se sentiu confortável. Ela avança rumo ao desconhecido, sem nem saber ao certo se existe alguma coisa na outra margem — ou mesmo se existe outra margem.

As pessoas se apegam ao teísmo, ou aquelas que são um pouco mais fortes — os intelectuais, a *intelligentsia* — se apegam ao ateísmo. Mas, nos dois casos, isso é uma maneira de escapar da dúvida. E escapar da dúvida é escapar da investigação. O que é a dúvida? É apenas um ponto de interrogação. Ela não é sua inimiga. É simplesmente um ponto de interrogação dentro de você que o prepara para investigar. A dúvida é sua amiga.

A primeira coisa é ser você mesmo e a segunda coisa é saber quem você é. Não deixe de ser você mesmo, não deixe de ser natural. Procure se tornar cada vez mais consciente do que é essa corrente de vida que passa por você.

Quem bate o seu coração?

Quem está por trás da sua respiração?

O eu é aquilo com que você nasce. O ego é o que você acumula, é o que você realiza. O eu é um presente da existência. Você não fez nada para ganhá-lo, você não o conquistou, por isso ninguém pode tirá-lo de você. Isso é impossível, porque ele é seu por natureza, é seu próprio ser.

Duvide! E não de um jeito morno. Duvide com total intensidade, para que a dúvida se torne uma espada na sua mão — ela cortará todo o lixo que você acumulou em torno de você. A dúvida é para cortar o lixo e a meditação é para despertá-lo.

Esses são os dois lados da mesma moeda, porque, carregado com todo esse lixo, você não será capaz de acordar. O lixo vai causar sono em você. Essa é a função dele: serve para mantê-lo adormecido.

A falta de felicidade sempre existiu dentro de você. Mas estar consciente dela é um fator novo e é o início da transformação. Se você fica consciente de alguma coisa, surge a possibilidade de que algo possa ser feito para mudar isso.

As pessoas vivem infelizes, aceitando a infelicidade como se fosse parte da vida delas, como se fosse seu destino. Ninguém a questiona. Ninguém pergunta por quê.

Existe algo de imensa importância sobre a verdade: a menos que você a encontre, ela nunca se tornará verdade para você. Se a verdade é de outra pessoa e você a pega emprestada, o próprio ato de pegar emprestado faz com que ela não seja mais verdade; ela se torna uma mentira.

É preciso sempre começar com o negativo, com o não. Se você quiser chegar ao sim, terá que dizer mil nãos para encontrar um sim na vida. Sua vida inteira foi arruinada por muitas pessoas e você terá que dizer não a todas elas. E depois de mil nãos, talvez você consiga chegar a um estado em que possa dizer sim.

Os sacerdotes são os maiores vigaristas deste mundo. Os outros vigaristas são só larápios de segunda categoria. De que modo podem enganar você? Mas o sacerdote, o profeta, o messias, o avatar, o *tirthankara* — estes são os supervigaristas. Eles venderam coisas que ninguém jamais viu, que ninguém nunca vai ver.

O que quer que você esteja fazendo, seja o que for que esteja pensando, seja o que for que esteja decidindo, lembre-se de perguntar uma coisa: está vindo de você ou é outra pessoa que está falando? E você ficará surpreso ao descobrir a voz real. Talvez seja a voz da sua mãe — você vai ouvi-la falando novamente. Talvez seja a do seu pai; não é difícil de detectar. Aquilo permanece dentro de você, gravado em você, exatamente como lhe foi dado pela primeira vez: o conselho, a ordem, a disciplina, o mandamento.

O ego é tudo que você vai acumulando por meio da educação, das boas maneiras, da civilização, da cultura, das escolas, das faculdades, das universidades. Você continua acumulando. Ele é fruto do seu esforço, você o criou e o tornou tão grande que se esqueceu completamente do seu verdadeiro eu.

Livre-se das vozes que estão dentro de você e logo você ficará surpreso ao ouvir uma voz que nunca ouviu antes. Você não consegue discernir de quem é essa voz. Não, não é da sua mãe, não é do seu pai, não é do sacerdote, não é do seu professor... Então um súbito reconhecimento lhe ocorre: é a *sua* própria voz. É por isso que você não consegue descobrir sua identidade, a quem ela pertence.

Ela sempre esteve aí, mas é uma vozinha muito baixa. Foi reprimida quando você era uma criança pequena e a voz era muito baixinha. Era apenas um broto e foi recoberta com todo tipo de porcaria. E agora você continua carregando essa porcaria toda e esqueceu a planta que é a sua vida. Ela ainda está viva, esperando que você a descubra.

Descubra a sua voz! Então siga-a sem medo. Aonde quer que ela o leve, saiba que esse é o objetivo da sua vida, é o seu destino. É somente lá que você vai encontrar satisfação, contentamento; é só ali que você vai florescer. E nesse florescimento o saber acontece.

Depois de ter ouvido uma verdade, é impossível esquecê-la. Uma das qualidades da verdade é que você não precisa se lembrar dela.

Uma mentira tem de ser lembrada continuamente, você pode se esquecer dela. A pessoa habituada a mentiras precisa ter uma memória melhor do que a pessoa habituada à verdade, porque a pessoa verdadeira não precisa de memória. E se você só diz a verdade, não há necessidade de se lembrar dela. Mas, se você está contando uma mentira, então tem que se lembrar continuamente, porque você disse uma mentira para uma pessoa, outra mentira para outra pessoa, algo diferente para uma terceira. Você tem que categorizar a sua mente e saber o que disse para quem. E sempre que uma pergunta surge sobre uma mentira, você tem que mentir novamente. Portanto, é uma sucessão. A mentira não acredita em controle de natalidade. A verdade é celibatária, não tem filhos. Na verdade, ela nunca se casou com ninguém.

verdade vem apenas para os rebeldes, e ser um rebelde é com certeza viver perigosamente.

sociedade ensina: "Escolha o conveniente, o confortável; escolha o caminho batido que, desde Adão e Eva, desde os seus antepassados e dos antepassados dos seus antepassados, tem sido percorrido. Escolha o caminho batido. Essa é a prova. Pois, se milhões e milhões de pessoas passaram por ele, não pode estar errado".

Mas lembre-se de uma coisa: a multidão nunca viveu a experiência da verdade. A verdade só aconteceu aos indivíduos.

o dia em que não houver perguntas nem respostas dentro de você, e você estiver apenas sentado aqui, vazio, você voltou para casa — foi da ignorância à inocência.

iver perigosamente significa que, sempre que houver alternativas, você precisa ter cautela. Não escolha o conveniente, o confortável, o respeitável, o socialmente aceitável, o honrado. Escolha algo que ressoa como um sino no seu coração. Escolha algo que você gostaria de fazer, sejam quais forem as consequências.

O covarde pensa nas consequências: "Se eu fizer isso, o que vai acontecer? Qual será o resultado?" Ele está mais preocupado com o resultado. O homem de verdade nunca pensa nas consequências. Ele pensa apenas no ato, no momento presente. Ele sente: "Isto é o que me atrai, portanto vou fazer isso". Então tudo o que acontecer é bem-vindo, ele nunca vai se arrepender. Um homem de verdade nunca se arrepende; nunca se arrepende, porque nunca faz nada contra si mesmo.

Eu ensino as pessoas a serem indivíduos autênticos, integrados, com imenso respeito por si mesmos.

Com a personalidade surge um problema: a personalidade não pode se fundir com nada — nem com o amor, nem com a meditação, nem com a amizade. A razão disso é que a personalidade é uma máscara muito fina dada ao indivíduo pela sociedade. E até agora, todo esforço da sociedade tem sido para enganar você e todo mundo, e concentrar a sua atenção na personalidade como se ela fosse a sua individualidade.

A personalidade é aquilo que é os outros dão a você. A individualidade é aquilo com que você nasceu, é a natureza do seu eu. Ninguém pode dá-la a você e ninguém pode tirá-la de você.

A personalidade pode ser dada e pode ser tirada. Por isso, quando se identifica com a sua personalidade, você começa a ficar com medo de perdê-la. Então, em qualquer lugar em que veja que há um limite além do qual terá de se fundir, a personalidade se retrai. Ela não pode ir além do limite que conhece. Ela é uma camada muito fina, imposta. No amor profundo, ela evapora; na grande amizade, ela não será encontrada em lugar nenhum. Em qualquer tipo de comunhão, a morte da personalidade é absoluta.

Você se identifica com a personalidade: seus pais, vizinhos, professores lhe disseram que você é assim. Todos eles foram moldando a sua personalidade, dando forma a ela, e fizeram algo de você que você não é e nunca poderá ser. Por isso você está infeliz, confinado nessa personalidade.

Essa é a sua prisão, mas você também tem medo de sair dela. Você não sabe que você é algo maior do que isso. É quase uma situação assim: você acha que as suas roupas são você, então, naturalmente, tem medo de ficar nu. Não é apenas uma questão de ter medo de tirar as roupas; o medo é que, se você tirar as roupas, não vai sobrar ninguém ali — e todos verão que existe um vazio. Você está vazio por dentro e suas roupas lhe dão substância. A personalidade tem medo e é muito natural que ela tenha medo.

Você ficará surpreso: no momento em que larga esse fardo, você consegue abrir suas asas na vasta existência, que tem aguardado há muito tempo por você.

Se houver sinceridade em suas palavras, a ênfase virá por conta própria. Se houver algo que tem de ser expresso pelas suas mãos, as mãos vão cuidar disso, você não vai precisar fazer nada. Se algo vier para que os seus olhos a enxerguem, isso virá por conta própria. Você não precisará trazer, caso contrário a coisa toda será hipocrisia.

Viver perigosamente significa não impor condições tolas — conforto, conveniência, respeitabilidade — entre você e a vida. Largue todas essas coisas e deixe que a vida aconteça a você. Siga com ela sem se incomodar se você está na via expressa ou não, sem se preocupar em saber aonde você vai chegar. Só muito poucas pessoas vivem. Noventa e nove vírgula nove por cento das pessoas se suicidam lentamente.

Só uma última coisa a lembrar, e isso é tão absolutamente essencial que eu não me perdoaria se esquecesse: viva com atenção plena. Em tudo o que fizer: andar, sentar, comer — ou se não estiver fazendo nada, apenas respirando, descansando, relaxando na grama —, nunca se esqueça de que você é um observador.

Você vai se esquecer disso muitas e muitas vezes. Vai se deixar levar por algum pensamento, algum sentimento, alguma emoção, algum sentimento — qualquer coisa distrairá você do observador. Lembre-se e corra de volta para o seu centro de observação.

Observar não é fazer alguma coisa. Assim como você contempla o pôr do sol ou as nuvens no céu ou as pessoas andando na rua, observe o tráfego de pensamentos e sonhos e pesadelos — relevantes, irrelevantes, consistentes, inconsistentes, qualquer coisa que esteja acontecendo. E na mente é sempre hora do rush. Basta observar, ficar ali parado, sem se preocupar com nada.

ego é apenas um equívoco, assim como pensar que dois mais dois é igual a cinco. Por isso, quando você olha para dentro e busca o seu eu verdadeiro, descobre que dois mais dois é igual a quatro, não cinco. Nada foi deixado de lado, mas algo desapareceu em você. Algo que estava continuamente fingindo ser você, algo que estava destruindo toda a sua vida, algo que estava estragando tudo, não está mais lá.

Por favor, lembre-se de uma coisa: outros podem aprisioná-lo, mas ninguém pode resgatá-lo. Só você pode resgatar a si mesmo, e faz isso impedindo que os outros aprisionem você, coloquem correntes cada vez mais pesadas em torno de você, construam muros cada vez mais altos em torno de você.

Você é o seu próprio messias, a sua própria salvação.

Você precisa se lembrar: observar não é uma arte, um ofício. Não, é uma habilidade. Você só tem que se lembrar de não se afogar no rio que está fluindo dentro de você. E como você se afoga nele? Se você se tornar de qualquer forma ativo, você se afoga.

Se permanecer inativo, passivo, sem fazer coisa alguma, só alerta: "Eu não devo fazer coisa alguma; a raiva está passando, deixe passar. Adeusinho!" Se algum pensamento estiver passando, bom ou ruim, não se preocupe. Sua preocupação simplesmente é observar, não dê nome à coisa, não condene, porque tudo isso será uma ação.

O que está passando não é da sua conta. Se a ganância estiver passando, deixe passar; se a raiva estiver passando, deixe passar. Quem é você para interferir? Por que você está tão identificado com a sua mente? Por que começa a pensar, "Eu sou ganancioso, estou com raiva"? É apenas um pensamento de raiva passando; deixe passar, apenas assista.

Não falar não é silêncio. Você pode não estar falando, pode não estar dizendo nada, mas dentro de você mil e um pensamentos estão se atropelando. Há um fluxo contínuo de pensamentos, dia após dia, sem trégua.

As feridas não se curam quando são cobertas. A religião é uma cura. A palavra "meditação" e a palavra "medicina" vêm da mesma raiz. A medicina é para o corpo. O que a medicina é para o corpo, a meditação é para a alma.

A medicina cura o corpo, a meditação cura o seu ser. É a medicina interior.

Lembre-se: somente o que você vivencia é seu. O que você sabe — somente isso você sabe.

Acredite e você nunca descobrirá. Qualquer coisa que você descubra não será nada além da projeção da sua própria crença — não será verdade. O que a verdade tem a ver com a sua crença?

Duvide, e duvide com todo o seu ser, porque a dúvida é um processo de limpeza. Ela tira todo o lixo da sua mente. Torna você inocente outra vez, novamente a criança que foi destruída pelos pais, pelos sacerdotes, pelos políticos, pelos pedagogos. Você tem que redescobrir essa criança. Tem que começar a partir desse ponto.

Para mim, o maior milagre é estar em harmonia com a natureza, *totalmente* em harmonia com a natureza. Se é de manhã, você está com a manhã; se é noite, você está com a noite. Se há prazer, você está com ele; se há dor, você está com ela. Você está com ela na vida, você está com ela na morte. Nem por um único instante você difere dela em qualquer ponto.

Esse acordo total, esse acordo absoluto, cria a pessoa religiosa.

A palavra "religião" tem de ser compreendida. A palavra tem um significado profundo: significa juntar as partes, de modo que elas não sejam mais partes, mas se tornem o todo. A raiz da palavra "religião" significa juntar as coisas de tal maneira que a parte não seja mais parte, mas se torne o todo. Cada parte se torna o todo, numa comunhão. Cada parte, separada, está morta; unidas, elas dão origem a uma nova qualidade: a qualidade do todo. E trazer essa qualidade para a sua vida é o propósito da religião.

A religião não tem nada a ver com Deus ou com o Diabo. Mas o modo como as religiões têm agido neste mundo mudou toda sua qualidade, seu próprio tecido. Elas não se tornaram uma ciência de integração, de modo que o ser humano não seja mais muitos, mas um só. Normalmente, os seres humanos são muitos, uma multidão. A religião funde essa multidão num único todo, de modo que tudo em você começa a funcionar em harmonia com tudo mais que existe dentro de você, e sem conflito, sem divisão, sem luta. Ninguém é superior, ninguém é inferior; todos formam apenas um todo harmonioso.

As religiões ao redor do mundo ajudaram a humanidade a se esquecer até mesmo do significado da palavra "religião".

O conceito de Deus, em todas as antigas religiões, é uma decorrência do medo, é um consolo, de outro modo não há nenhuma validade, nenhuma evidência, nenhuma prova da existência de Deus. As pessoas que acreditam em Deus são, na verdade, pessoas que não conseguem confiar em si mesmas. Elas precisam de uma figura paterna, um grande pai.

Eu não sou um messias, eu não lhe dou nenhuma esperança. E gostaria que você se lembrasse enfaticamente de que ninguém mais pode salvá-lo — toda a ideia está errada. *Você* criou sua escravidão, como *eu* posso libertá-lo? Largue sua escravidão e seja livre.

Você ama suas correntes e quer que eu liberte você. Você está pedindo algo absurdo. Você é a causa de seus martírios, do seu sofrimento, e quer que eu o liberte do seu sofrimento e das suas misérias. E vai continuar semeando as mesmas sementes, continuar a ser a mesma pessoa de sempre, cultivando as mesmas causas. Quem pode libertá-lo? E por que alguém deveria libertá-lo? Não é minha responsabilidade libertar você. Eu não fiz você ser o que é, você se fez do jeito que é.

Não devemos deixar nenhum cantinho da existência, e do nosso ser, por descobrir, na escuridão. Temos que levar luz a todos os lugares. E a menos que isso aconteça, você ficará infeliz, você sentirá angústia. Suas crenças não vão ajudar, sua fé não vai ajudar.

Quando a luz existe, a escuridão desaparece. Não é que a escuridão fuja. A escuridão não existe, é apenas ausência de luz.

O ego é como a escuridão, ele não tem existência por si só. É apenas a ausência de consciência. Por isso eu não digo livre-se do ego, eu digo observe-o. Fique atento. Olhe para ele e você o encontrará em tantas camadas que ficará surpreso.

Nietzsche diz: "Antes que possa chegar ao topo de uma árvore e entender as flores que nela brotam, você terá que mergulhar fundo nas raízes, porque o segredo está encerrado ali. E quanto mais profundas as raízes, mais altas ficam as árvores". Portanto, quanto maior o seu anseio de compreensão, de consciência cósmica — porque esse é o último lótus, o paraíso do lótus —, mais longe você terá que ir para chegar às raízes mais profundas, aos subterrâneos mais sombrios.

E o caminho é um só: chame-o de meditação, chame-o de consciência, chame-o de atenção plena. Tudo converge para uma única coisa: primeiro fique mais alerta com relação à sua mente consciente, ao que se passa na sua mente consciente. E é uma bela experiência. É realmente extasiante, um grande panorama.

Na cidade da minha infância, não havia cinemas, filmes sonoros. Não havia nenhuma sala de cinema. Agora há, mas na minha infância não havia. A única coisa que havia lá era um caixeiro-viajante que de vez em quando vinha com uma grande caixa; eu não sei como se chamava essa caixa. Ela tinha uma janelinha. Ele abria a janelinha, você só colocava os olhos ali e ele girava uma manivela, fazendo um filme passar dentro dela. E ele ficava contando a história do que estava acontecendo.

Eu esquecia todo o resto, mas de uma coisa não podia me esquecer por uma razão. A razão, eu sabia, era porque ela estava em todas aquelas caixas que passavam pela minha aldeia. Eu assistia a todas elas porque custavam apenas um *paisa*. O filme também não demorava muito para passar, apenas cinco minutos. Em cada caixa havia um filme diferente, mas uma imagem estava sempre lá: a lavadeira nua de Mumbai. Por que ela estava em todos eles? Uma mulher muito gorda e nua, a lavadeira nua de Mumbai. Essa costumava estar sempre lá. Talvez fosse uma grande atração ou as pessoas eram fãs daquela lavadeira nua. E ela era bem feia... E por que de Mumbai?

Se você começar a olhar... Sempre que tiver tempo, apenas sente-se em silêncio e olhe o que está passando na sua mente. Não há necessidade de julgar, porque, se julgar, a mente muda imediatamente as cenas de acordo com você. A mente é muito sensível, melindrosa. Se sente que você a está julgando, ela

37

começa mostrar coisas que são boas. Não mostrará a você a lavadeira de Mumbai, essa imagem se perderá. Então não julgue, assim essa imagem provavelmente lhe ocorrerá.

Não julgue, não demonstre nenhuma condenação, não faça nenhuma avaliação. Seja indiferente. Apenas sente-se em silêncio, olhando as coisas, tudo o que está acontecendo.

A mente tem facilidade para exagerar. Ela gosta de exagerar, aumentar as coisas nos dois sentidos. Basta um pouco de dor e ela faz tanto alarde por causa disso... Basta um pouco de sofrimento e aquele se torna o maior sofrimento do mundo. Basta um pouco de prazer e você já se sente no topo do mundo — ninguém mais sabe o que é prazer. Você se apaixona por uma mulher e pensa: "Nunca amei ninguém assim antes e nunca mais vou amar. Nunca senti nada assim!"

Isso está acontecendo em todos os lugares, e todo mundo está pensando: "Nunca senti nada assim!" A mente exagera tudo, magnifica; ela é como uma lupa — e você acredita nela.

Amente faz parte da sociedade, não faz parte da existência. Por isso, ela precisa de uma sociedade para o seu crescimento. Quanto mais estabelecida a sociedade, mais hábil fica a mente.

Somente Bíblias, livros sagrados, acumulam poeira. Uma revista *Playboy* não acumula poeira. Mas quem quer abrir um livro sagrado?

As religiões deram a você uma vida confortável, maneiras convenientes de viver. Mas não há como viver se você não se decidir a viver perigosamente, se você não estiver pronto para se embrenhar na escuridão para sair em busca de si mesmo.

E eu lhe digo, você não encontrará a resposta. Ninguém jamais encontrou a resposta. Todas as respostas são mentiras. Sim, você vai encontrar a realidade, mas a realidade não vai responder à sua pergunta. A realidade será a morte da sua pergunta e, quando a sua pergunta desaparece e não há mais nenhuma resposta disponível, esse espaço é mistério.

Eu não acredito em acreditar — é preciso primeiro entender isso. Ninguém pergunta: "Você acredita no sol? Você acredita na lua?" Ninguém me faz essa pergunta. Conheci milhões de pessoas, e há trinta anos tenho respondido a milhares de perguntas sem trégua. Ninguém me pergunta: "Você acredita num botão de rosa?" Não há necessidade. Você pode vê-lo, o botão de rosa está lá ou não está. Somente em ficções, não nos fatos, é preciso acreditar.

A crença é confortável, conveniente; ela entorpece. É um tipo de droga, faz de você um zumbi. Um zumbi pode ser cristão, hindu, muçulmano — mas são todos zumbis com diferentes rótulos. E às vezes eles ficam fartos do rótulo, então trocam: o hindu se torna cristão, o cristão se torna hindu — um outro rótulo, um novo rótulo, mas atrás do rótulo o mesmo sistema de crença.

Destrua suas crenças. Certamente será desconfortável, inconveniente, mas nada de valioso é jamais obtido sem inconvenientes.

Você não pode manipular uma pessoa integrada usando estratégias infantis e idiotas: "Se você fizer isso, alcançará o céu e todas as suas delícias; se fizer aquilo, vai para o inferno e sofrerá por toda a eternidade". A pessoa integrada simplesmente vai rir de toda essa bobagem.

Ela não tem medo do futuro; você não pode criar o inferno. Ela não olha para o futuro com ganância: você não pode criar o céu. Ela não precisa de proteção, ninguém para guiá-la, ninguém para levá-la a algum lugar. Ela não tem objetivos, motivações. Cada momento é tão completo que não está à espera de ser complementado por outro momento que virá algum dia nesta vida ou talvez na próxima. Cada momento está pleno, abundante, transbordante, e tudo o que a pessoa integrada conhece é uma imensa gratidão por esta bela existência.

Isso também ela não diz, porque a existência não entende essa linguagem. Essa gratidão é seu próprio ser. Portanto, seja o que for que ela faça, sentirá gratidão. Se não estiver fazendo nada, se só estiver sentada em silêncio, sentirá gratidão.

Você é responsável por tudo o que é. Se é infeliz, você é responsável. Não jogue a responsabilidade nos ombros de outra pessoa, caso contrário você nunca se livrará dela. Como *você* pode ser livre se sou *eu* o responsável pela sua infelicidade? Então, a menos que eu o liberte, você não poderá ser livre; sua felicidade está nas minhas mãos. E se está nas minhas mãos, pode estar nas mãos de qualquer outra pessoa.

Aqueles que estão comigo têm que entender, por mais difícil e doloroso que seja, que você e mais ninguém é responsável por tudo o que está acontecendo a você, que aconteceu a você ou vai acontecer a você. Depois de aceitar toda a sua responsabilidade, em sua totalidade, você amadurece.

Qualquer um que viva de acordo com uma regra está se destruindo, se envenenando, porque a regra foi feita por alguém que não era você, em algum lugar onde você nunca esteve, e num tempo e espaço que não é o seu tempo nem é o seu espaço. É muito perigoso seguir essa regra. Você vai desviar a sua vida para longe do centro, da base — você vai se deformar. Tentando se moldar, você vai apenas deformar a si mesmo, se desfigurar.

Eu nunca jogo o jogo de ninguém. Jogo o meu próprio jogo e faço as minhas próprias regras.

Só as pessoas cegas acreditam na luz. Aquelas que têm olhos não acreditam na luz, elas simplesmente veem. Eu não quero que você acredite em nada, quero que você tenha olhos. E se você pode ter olhos, por que vai se satisfazer com uma crença e continuar cego?

Você não é cego. Talvez esteja apenas de olhos fechados, talvez ninguém tenha dito que você pode abrir os olhos.

Sou apenas um homem comum, assim como todo mundo. Se existe alguma diferença, não é na qualidade, é apenas no saber: eu conheço a mim mesmo, você não se conhece. No que diz respeito aos nossos seres, pertenço à mesma existência, respiro o mesmo ar. Você pertence à mesma existência, respira o mesmo ar. Você simplesmente não tentou conhecer a si mesmo. No momento em que se conhecer, não vai mais haver nenhuma diferença.

É como se eu estivesse admirando o amanhecer e você estivesse de pé ao meu lado com os olhos fechados. O sol está nascendo para você também, assim como está nascendo para mim. É tão bonito e tão colorido! Não só para mim, para você também. Mas o que o sol pode fazer? Você está de olhos fechados, essa é a única diferença. É muita diferença? Alguém tem apenas que sacudi-lo e dizer, "Abra os olhos. É de manhã, a noite já se foi".

Assim como a ciência faz descobertas no mundo objetivo lá fora, a religião faz descobertas no mundo interior. O que a ciência é para a existência objetiva, a religião é para a subjetividade.

Seus métodos são exatamente os mesmos. O que a ciência chama de observação, a religião chama de percepção. O que a ciência chama de experimento, a religião chama de experiência. A ciência quer que você entre no experimento sem nenhum preconceito em sua mente, sem nenhuma crença. Você tem que estar aberto, disponível. Você não vai impor nada à realidade. Apenas estará disponível para a realidade, seja ela qual for, mesmo que ela vá contra todas as suas ideias. Você tem que abandonar essas ideias, mas a realidade não pode ser negada.

O empreendimento científico está pondo em risco a sua mente em favor da realidade, colocando sua mente de lado em favor da realidade. A realidade é o que conta, não o que você pensa sobre ela. Seu pensamento pode estar certo ou pode estar errado, mas a realidade é quem decide. Sua mente não vai decidir o que está certo e o que está errado.

O mesmo pode-se dizer de uma religião autêntica, uma religião científica.

O ser humano nasce com um potencial desconhecido — incognoscível —, uma potencialidade. Seu rosto original não é visível quando ele vem ao mundo. Ele tem que encontrá-lo, vai ser uma descoberta, e essa é a beleza dele.

Essa é a diferença entre um ser e um objeto. O objeto não tem potencial, ele é o que é. Uma mesa é uma mesa, uma cadeira é uma cadeira. A cadeira não vai se transformar em outra coisa, ela não tem potencialidade, ela tem apenas realidade. Não é uma semente. O ser humano não é um objeto. Essa é a causa de todos os problemas e de toda alegria, todos os desafios, todas as perturbações.

Eu estou levando Deus embora para que você não possa culpar o pobre homem. Ele já foi culpado demais por tudo: criou o mundo, criou isto, criou aquilo. Vou tirar toda culpa dele.

Ele não existe. Você o criou só para jogar a sua responsabilidade nas costas dele. Assuma você essa responsabilidade.

O universo quer que você seja do jeito que é — é por isso que você é desse jeito. O universo precisa que você seja assim, do contrário teria criado outra pessoa, não você. Portanto, a meu ver, não ser você mesmo é a única coisa irreligiosa.

Seja você mesmo sem nenhuma condição, sem amarras. Simplesmente seja você mesmo e assim você será uma pessoa religiosa, pois estará saudável, estará inteiro.

Você veio a este mundo como um livro aberto, um livro em branco, sem nada escrito. Você tem que escrever o seu destino, ninguém mais o está escrevendo. Quem vai escrever o seu destino? E como? E para quê? Você veio a este mundo simplesmente como uma potencialidade aberta, uma potencialidade multidimensional. Você tem que escrever o seu destino. Tem que determinar a sua sorte. Você tem que se tornar você mesmo.

Você não nasceu com um eu já pronto. Nasceu como uma simples semente e também pode morrer como uma simples semente. Mas você pode se tornar uma flor, pode se tornar uma árvore.

omo você pode fugir de si mesmo? Você pode tentar, mas sempre haverá de se encontrar. Você pode se esconder atrás das árvores e das montanhas, em cavernas, mas, sempre que olhar em volta, você vai se ver ali. Onde você pode ir para se afastar de si mesmo?

uando algo é muito óbvio, você começa a tomar aquilo como uma certeza. Quando algo está muito perto dos seus olhos, você não consegue ver; para ver, uma certa distância é necessária.

Por isso, a primeira coisa que eu gostaria que você lembrasse é que não é de hoje que a humanidade é infeliz. Ela sempre foi infeliz. A infelicidade quase se tornou nossa segunda natureza. Somos infelizes há milhares de anos. A proximidade não nos permite ver essa infelicidade; caso contrário, ela seria tão óbvia!

Para ver o óbvio você precisa ter os olhos de uma criança, e estamos todos carregando milhares de anos em nossos olhos.

Nossos olhos são velhos, não conseguem ver o novo. Eles já aceitaram as coisas e se esqueceram de que essas coisas são a própria causa da infelicidade.

Ser instruído, informado, custa tão pouco! As escrituras estão aí para isso, as bibliotecas estão aí para isso, as universidades estão aí para isso — é tão fácil se tornar instruído! E depois que você se torna instruído, fica numa situação muito delicada, porque o ego quer acreditar que esse conhecimento é seu, não é apenas erudição — a sabedoria é sua. O ego quer transformar conhecimento em sabedoria. Você começa a acreditar que sabe.

Você não sabe nada. Só conhece livros e o que está escrito nos livros. Talvez esses livros sejam escritos por pessoas como você — noventa e nove por cento dos livros são escritos por pessoas que leram livros. Na verdade, se você lê dez livros, sua mente fica tão cheia de lixo que você tem vontade de despejar todo esse lixo num décimo primeiro livro. O que mais faria com ele? Você tem que descarregar esse fardo.

Ver não é pensar. O sol nasce: se você pensar sobre ele, vai deixar de vê-lo, porque, enquanto está pensando, você está se afastando dele. Ao pensar, você pode se afastar quilômetros, e os pensamentos são mais rápidos do que qualquer outra coisa.

Se você está *vendo* o nascer do sol, então de uma coisa pode ter certeza: você não está pensando nele. Somente assim você pode vê-lo. O pensamento torna-se um véu sobre os seus olhos. Ele confere sua própria cor, sua própria ideia à realidade. Não deixa que a realidade chegue até você, ele se impõe sobre ela. É um desvio da realidade.

Por isso, nenhum filósofo jamais conseguiu conhecer a verdade. Todos os filósofos pensam sobre a verdade, mas pensar sobre a verdade é uma impossibilidade. Ou você a conhece ou não a conhece. Se a conhece, não há necessidade de pensar sobre ela. Se não a conhece, como pode pensar sobre ela? Um filósofo pensando sobre a verdade é como um cego pensando sobre a luz. Se você tiver olhos, não pensa na luz, você a vê. Ver é um processo totalmente diferente, é um resultado da meditação.

Permaneça simplesmente com a vida que está dançando em você, respirando em você, vivendo em você. Você tem que se aproximar de si mesmo para conhecê-la. Talvez você esteja muito longe de si mesmo, suas preocupações o levaram para muito longe. Você tem que voltar para casa.

Lembre-se de que estar vivo é uma preciosidade! Não perca um único instante.

Você só pode ser você mesmo e nada mais. E é bonito ser você mesmo. Qualquer coisa original tem beleza, frescor, fragrância, vivacidade. Qualquer coisa que é imitado é morto, maçante, falso, de plástico. Você pode fingir, mas a quem estará enganando? Com exceção de você mesmo, não estará enganando ninguém. E enganar para quê? O que você vai ganhar com isso?

Para que possa se conhecer, você tem que ser você mesmo. Tem que despir todas essas personalidades como roupas, e tem que expor toda a sua nudez. Esse é o começo, e depois a segunda coisa é muito simples.

Posso mover a mão sem prestar nenhuma atenção e também posso mover a mão enquanto observo todo o movimento, a partir de dentro. Os movimentos são totalmente diferentes. O primeiro é um movimento robótico, mecânico. O segundo é um movimento consciente. E, quando está consciente, você sente a mão a partir de dentro; quando não está consciente, você só conhece a mão a partir de fora.

Você vê o seu rosto apenas ao olhar no espelho, ao olhar de fora, porque você não é um observador. Se começar a observar, vai sentir o seu rosto a partir de dentro. E essa é uma experiência e tanto, ver a si mesmo a partir de dentro. Lentamente, coisas estranhas começam a acontecer, pensamentos desaparecem, sentimentos desaparecem, emoções desaparecem. E há um silêncio ao seu redor. Você é como uma ilha no meio do oceano de silêncio, apenas um observador — como se houvesse uma luz brilhando no centro do seu ser, irradiando de todo o seu ser.

Todo mundo diz para você ser discreto, não chamar muita atenção. Por quê? Uma vida tão breve, por que ser discreto?

Salte tão alto quanto puder.

Dance tão loucamente quanto puder.

A vida não está indo a lugar nenhum, está apenas saindo para uma caminhada matinal. Escolha para onde quer que todo o seu ser flua, para onde quer que o vento sopre. Percorra esse caminho até onde ele o levar e nunca espere encontrar coisa alguma.

Por isso, nunca me surpreendi, porque nunca esperei nada. Por isso, não existe essa questão de surpresa: tudo é uma surpresa. E não existe essa questão de desapontamento. Tudo é encontro! Se acontecer, ótimo; se não acontecer, melhor ainda.

É bom cair às vezes, se machucar, se levantar novamente — se extraviar de vez em quando. Não faz mal. No momento em que você achar que se extraviou, dê meia-volta. A vida tem de ser aprendida através da tentativa e erro.

O pecado é uma técnica das pseudorreligiões. A verdadeira religião não tem necessidade nenhuma de conceitos. A pseudorreligião não pode viver sem o conceito de pecado, porque o pecado é a técnica de criar culpa nas pessoas.

Você terá que entender toda a estratégia do pecado e da culpa. A menos que faça uma pessoa se sentir culpada, você não pode escravizá-la psicologicamente. É impossível prendê-la numa certa ideologia, num certo sistema de crenças. Mas, depois que incutiu a culpa na mente dela, você tomou toda a coragem que ela tem, destruiu tudo o que havia de aventureiro nela — você reprimiu toda possibilidade de ela um dia ser um indivíduo com direito próprio. Com a ideia de culpa, você quase assassinou o potencial humano dela. Ela pode nunca mais ser independente. A culpa vai forçá-la a se tornar dependente de um messias, de um ensino religioso, de Deus, dos conceitos de céu e inferno, do pacote todo.

Para criar culpa, tudo o que você precisa é uma coisa muito simples: começar a chamar as faltas de erros, de pecados.

Jesus vivia dizendo: "Arrependam-se! Arrependam-se!" Por quê? Porque Adão e Eva comeram uma maçã?!

Existe apenas um pecado: a inconsciência. E você está sendo castigado a todo instante por causa disso — não existe nenhum outro castigo.

Quer mais? Seu sofrimento, sua infelicidade, sua ansiedade, sua angústia — e você ainda está esperando ser jogado no inferno? Não está satisfeito com todo o sofrimento que já está vivendo? Não acha que o inferno vai ser melhor do que o lugar onde você já está? Que outro castigo pode existir ainda?

Cada momento de inconsciência carrega seu próprio castigo e cada momento de consciência, sua própria recompensa. São partes intrínsecas, você não pode dividi-los.

Toda sociedade continua propondo: isto é certo e isto é errado. Mas a sociedade pode impedir que você faça o que chamam de errado? O problema é que, seja lá o que chamam de errado, é em sua maior parte natural — isso atrai você. É errado, mas é natural, então a profunda atração para o natural acontece. Eles têm de criar medo suficiente para que esse medo fique mais forte do que a atração natural. Por isso o inferno teve de ser inventado.

Desde o primeiro dia em que a criança nasce, começa a surgir nela uma voz da consciência: uma partezinha que fica o tempo todo condenando qualquer coisa que a sociedade não queira em você e valorizando tudo o que a sociedade quer em você. Você não está mais inteiro. A voz da consciência o pressiona o tempo todo, então você é obrigado a viver olhando para fora. Deus está vigiando! Cada ato, cada pensamento, Deus está de olho. Portanto, cuidado!

Mesmo em pensamento, não deixam que você tenha liberdade: Deus está vigiando. Mas que enxerido é esse Deus! Em todos os banheiros ele está olhando pela fechadura, não deixa você sozinho — nem para ir ao banheiro.

Você tem que entender estas duas coisas: a voz da consciência e a consciência. A consciência é sua. A voz da consciência é concedida pela sociedade, é uma imposição sobre a consciência.

Cada sociedade impõe ideias diferentes sobre a consciência, mas todas elas impõem uma coisa ou outra. E depois que algo é imposto sobre a consciência, você não consegue mais ouvi-la e constrói um paredão, a voz da consciência, que a sociedade impôs sobre você desde a mais tenra infância. E isso funciona.

Renuncie a qualquer coisa e você ficará mais apegado a isso do que era antes de renunciar. A sua mente fica dando voltas e voltas ao redor disso. Repressão significa simplesmente lembrar que a sua natureza é sua inimiga — você tem que lutar contra ela, tem que exterminá-la, tem que destruí-la, tem que passar por cima dela. Somente aí você é santificado.

Ora, isso é impossível! Ninguém nunca foi capaz de passar por cima da natureza. Onde quer que você esteja, você está dentro da natureza. Sim, você pode se aleijar, pode cortar seus membros para que tenham o tamanho prescrito pela sua santa escritura; pode sofrer, pode se torturar, mas não pode ir além da sua natureza. A natureza é tudo o que existe, nesse caso não existe "além". O além está inserido na natureza, não está fora dela.

Por isso, aqueles que estão lutando contra a natureza nunca vão além dela. Seu contínuo fracasso os torna infelizes, mentalmente desequilibrados, psicologicamente insanos. E tudo isso é bom para o sacerdote, porque ele explora você. A profissão dele é ajudá-lo, mas, para que ele possa ajudá-lo, você precisa ser colocado numa situação em que necessite de ajuda.

Não obedeça ninguém, simplesmente obedeça ao seu próprio ser. Aonde quer que ele o leve, vá sem medo, com liberdade.

Depois que você constata uma determinada verdade, não pode fazer nada a não ser obedecê-la. Mas tem de ser a sua visão, a sua percepção, a sua conclusão. Comece com a desobediência.

A sociedade lhe dará tudo se você der sua liberdade em troca. Vai lhe dar respeitabilidade, cargos hierárquicos e burocráticos altos, mas você tem que abrir mão de uma coisa: da sua liberdade, da sua individualidade. Tem que se tornar um número na multidão. A multidão odeia a pessoa que não faz parte dela. A multidão fica muito tensa com um estranho, porque o estranho torna-se um ponto de interrogação.

Eu lhe digo: você é responsável apenas por si mesmo. E o milagre dessa afirmação é que, se for responsável pelo seu próprio ser, você vai constatar que passará a assumir muitas responsabilidades sem se dar conta disso.

A vida precisa de transformação e a transformação requer um grande esforço. Não é brincadeira de criança: "Apenas acredite em Jesus Cristo, continue lendo a Bíblia de vez em quando e você será salvo". Salvo de quê? Salvo da transformação!

A religião condenou o sexo, condenou seu gosto pela comida, condenou tudo o que você pode apreciar — condenou a música, condenou a arte, condenou o canto, condenou a dança. Se você olhar o mundo ao seu redor e reunir todas as condenações de todas as religiões, verá que condenaram toda a humanidade. Não deixaram um único centímetro sem condenação.

Cada religião fez a sua parte. Se você condenar toda a humanidade, a pessoa pode simplesmente surtar. Você tem que fazer isso em etapas, de modo que ela seja condenada, se sinta culpada, queira se libertar da culpa e esteja pronta para pedir a sua ajuda. Você não deve condená-la a ponto de ela simplesmente fugir de você ou saltar no mar e acabar com a própria vida. Isso não será um bom negócio.

eus nada mais é senão a nossa ideia de ditador supremo, de Adolf Hitler supremo.

Sou contra a oração porque ela é basicamente um negócio. Você está subornando Deus — e espera conseguir massagear o ego dele: "Vós sois tão grandioso! Tão cheio de compaixão, podeis fazer o que quiser". E você só diz tudo isso porque quer alguma coisa dele.

Na existência, a menor folha de grama tem o mesmo significado que a mais bela e grandiosa estrela. Não existe hierarquia. Não existe nada superior nem inferior.

A existência é muito generosa: sempre perdoando, nunca castigando. Mas você só chega até ela por meio do seu próprio silêncio mais profundo.

Influenciar significa interferir, violar, arrastar você para um caminho que não é o seu, obrigar você a fazer coisas que nunca pensou em fazer. Influenciar uma pessoa é o ato mais violento do mundo.

Eu nunca tentei influenciar ninguém. Se alguém vê a mesma verdade no que estou dizendo ou no modo como sou, isso é outra história. Não estou tentando influenciar essa pessoa. Se, independentemente de mim, ela é capaz de ver alguma coisa, então toda responsabilidade é dela.

Jesus dizia às pessoas: "No dia do juízo final, reunirei minhas ovelhas e direi ao Pai: 'Este é o meu povo, ele tem de ser salvo. Dos outros, não vou me ocupar'". Se existir algo como um dia do julgamento — não existe, mas vamos supor que exista —, um dia do juízo final, e se eu for fazer essa divisão, não vou conseguir encontrar ovelha nenhuma, porque nunca influenciei ninguém. E quando você influencia alguém, certamente se torna o pastor e essa pessoa se torna uma simples ovelha. Você está reduzindo seres humanos a ovelhas, está tirando a humanidade delas. Para salvá-las, você as destrói.

Não se deixe influenciar por ninguém. Não se deixe impressionar por ninguém. Olhe, veja, fique atento — e escolha. Mas, lembre-se, a responsabilidade é toda sua.

unca prejudique ninguém, mas nunca deixe que ninguém o prejudique também; só assim podemos criar um mundo mais humano.

A pessoa que se respeita é incapaz de humilhar alguém, porque sabe que o mesmo eu se oculta dentro de todo ser — mesmo das árvores e das pedras. Talvez esteja totalmente adormecido na pedra, mas não importa, trata-se da mesma existência em diferentes formas.

A pessoa que se respeita de repente descobre que está respeitando todo o universo.

Sinta a vida e viva a vida em sua totalidade e com tamanha paixão e intensidade que cada momento se torne um momento de eternidade — essa deve ser a meta de uma religião. E é isso que eu tenho ensinado a você: coma da árvore do conhecimento. Torne-se um sábio. Toda ignorância e escuridão precisam desaparecer de você. Você tem de se tornar mais consciente, mais sábio, mais atento.

Isso é o que tenho ensinado: viva a vida com tanta paixão, com tanto amor e com tamanha totalidade que possa sentir o sabor da eternidade nela. Sempre que você vive o momento, esquecendo o passado, esquecendo o futuro, esse momento o presenteia com o sabor da eternidade.

Adão e Eva não cometeram nenhum grande crime — eles tinham apenas um pouco de curiosidade. Acho que qualquer um que tivesse um pouco de senso teria feito o mesmo. Era absolutamente certo que isso aconteceria, porque existe no ser humano uma profunda necessidade de saber. É algo intrínseco, não é pecado.

Você foi recompensado com a vida e com a consciência. Você é único nesta existência. As árvores têm vida, mas não consciência. Os animais têm cérebro, mas não a possibilidade de consciência. O ser humano é o ser supremo de toda existência.

A obediência é o maior dos pecados. Ouça a sua inteligência e, se alguma coisa lhe parecer certa, faça-a. Mas você não está obedecendo, você está seguindo a sua inteligência.

Se a sua inteligência descobrir que algo está errado, qualquer que seja o risco e qualquer que seja a consequência, não siga nenhuma ordem. Nenhuma ordem é superior à sua inteligência.

Por que as religiões colocam você contra seus instintos naturais? Por uma simples razão: para fazer com que se sinta culpado. Deixe-me repetir essa palavra: *culpa*. Esse é o foco para que destruam você, explorem você, moldem você, humilhem você, fomentem o desrespeito por si mesmo. Depois que lhe incutiram a culpa, depois que você começa a sentir, "Sou culpado, sou um pecador", o trabalho das religiões está feito. Depois disso, quem pode salvá-lo? É preciso um salvador. Mas primeiro crie a doença.

Depois que a culpa está incutida, você está nas garras do sacerdote. Não pode escapar agora, porque ele é o único que pode purificá-lo de todas as suas partes vergonhosas, pode ajudá-lo a ficar diante de Deus sem se envergonhar.

O sacerdote cria a ficção de Deus. Cria a ficção da culpa. Cria a ficção de que um dia você terá que ficar diante de Deus; portanto, esteja puro e imaculado, esteja num estado em que possa ficar diante dele sem nenhum medo e sem nenhuma vergonha.

A verdade não precisa de proteção. Quando você fala a verdade, ela é autoevidente, é completa. Nada mais é necessário, nada que lhe sirva de apoio. Ela dá autenticidade a si mesma. A mentira é vazia. Não tem provas. Mas você pode enganar as pessoas dizendo uma série de mentiras. Talvez a pessoa venha a descobrir, mas, depois que milhares de mentiras são contadas, é muito difícil descobrir qual foi a mentira básica dentro desse amontoado de mentiras.

Deus é a mentira básica — tão básica que precisa de milhares de teologias ao redor do globo para protegê-la.

Não é uma questão de acreditar ou não acreditar, porque não há ninguém em quem acreditar ou não acreditar. Não existe Deus nenhum!

Portanto, por favor, lembre-se: não comece a dizer que sou um incrédulo. Eu não sou crédulo nem incrédulo. Estou simplesmente dizendo que a coisa toda é uma mera projeção da mente humana e é hora de pararmos de fazer esse joguinho contra nós mesmos.

É hora de nos despedirmos de Deus para sempre.

Perfeito, absoluto, onipotente, onisciente, onipresente — essas são as palavras usadas, em todas as religiões, para qualificar Deus. Deus está morto, não pode estar vivo; ele não pode respirar. Não, eu nego a existência desse Deus, porque, com um Deus morto, todo este universo estaria morto.

A divindade é uma dimensão totalmente diferente: a folhagem da árvore, o desabrochar da rosa, o pássaro em pleno voo — tudo isso faz parte dela. Assim Deus não está separado do universo. Assim ele é a própria alma do universo. Assim o universo é um vibrar, um pulsar, um respirar: divindade.

Quando digo que Deus é uma ficção, por favor, não me entenda mal. Deus é uma ficção, mas a divindade não é uma ficção, é uma qualidade.

Deus como pessoa é uma ficção. Não existe nenhum Deus sentado lá no céu, criando o mundo. E você acha que um Deus criaria essa tamanha confusão que você chama de mundo? Se fosse assim, o que sobraria para o Diabo? Se alguém criou este mundo, deve ter sido o Diabo, não pode ter sido Deus.

Você ficará surpreso se eu disser que todos os cristãos estão, no fundo, com raiva de Jesus. Ele prometeu salvá-los e ninguém foi salvo. Ele prometeu, ele disse: "Em breve, vocês estarão no Reino de Deus, em breve estarão comigo no Reino de Deus". E dois mil anos já se passaram; aquele "em breve" ainda não se cumpriu. Quando é que vai se cumprir?

Todo cristão tem raiva de Jesus. É por causa dessa raiva que ele também demonstra tamanho fanatismo por Jesus, para que ninguém saiba que está com raiva. Na verdade, ele próprio não quer saber que está com raiva, que foi enganado, que lhe deram uma crença falsa — que por dois mil anos milhões de pessoas viveram com essa crença e morreram com essa crença, sem nenhum crescimento, sem chegar a lugar nenhum, sem encontrar coisa alguma. A pessoa tem medo dessa raiva, dessa ira. Para reprimi-la, vai à igreja, ora a Jesus ou a Krishna ou a Maomé. Mas todo crente, mais cedo ou tarde, vai se sentir frustrado, porque a crença não vai dar a ele a verdade. Não vai lhe dar a fonte de águas vivas da vida.

Enquanto Jesus está vivo, é perigoso estar com ele. Nenhum homem de negócios se aproximará dele — apenas os jogadores, os mais ousados, correm o risco de estar com ele. É perigoso estar com ele: ele pode ser crucificado, você pode ser crucificado.

Mas, depois que ele está morto, cria-se uma grande oportunidade de negócio. Um novo tipo de pessoa começa a aparecer: os sacerdotes, os papas, os imãs, os rabinos — instruídos, eruditos, argumentativos, dogmáticos. Eles criam o dogma, o credo. Eles criam o culto.

Sobre o cadáver de uma pessoa religiosa, cria-se um culto. O cristianismo é um culto.

As chamadas "ideias religiosas" não são religiosas, são só superstições sustentadas ao longo das eras — por tanto tempo que apenas sua antiguidade fez com que parecessem verdades.

Diferentes métodos têm sido usados por diferentes religiões para incutir a ideia de que o ser humano nasceu em pecado, mas eles têm que garantir que ele nasça em pecado. É por isso que Jesus nasceu de uma virgem, porque nascer do sexo é nascer do pecado. Sexo é pecado.

Ora, volto a me perguntar como o Espírito Santo engravidou a Virgem Maria. Não acho que ele tenha lançado mão de inseminação artificial. De que maneira a pobre mulher engravidou? Mas os cristãos tem que fazer do pobre Jesus um bastardo, só para mantê-lo longe do pecado do sexo. Todo mundo nasce do sexo, nasce do pecado — somente Jesus não. Jesus é especial.

Você condena o sexo, então não consegue mais transformar a energia sexual. E sexo é simplesmente energia. Ela pode se mover em qualquer direção — para baixo ou para cima. Se você aceitá-la, a própria aceitação faz com que essa energia comece a se elevar, porque você está fazendo as pazes com ela. No momento em que a rejeita, está criando inimizade, causando uma cisão dentro de si mesmo.

A energia sexual degradada serve à biologia e a energia sexual elevada serve à espiritualidade. Mas é a mesma energia, o nome que você quer dar a ela não importa.

A renúncia é um desprendimento forçado e, sempre que você faz alguma coisa na base da força, não acontece de fato um desprendimento. As coisas simplesmente mergulham mais fundo no seu inconsciente. Tornam-se um problema maior ainda. Agora isso vai tentar vir à tona de diferentes maneiras, com diferentes roupagens, máscaras, e você pode nem ser capaz de reconhecer. Mas isso vai ficar mais assertivo e ter mais força. Você deu força a isso, obrigando o que quer que seja a mergulhar no seu inconsciente.

Quando força algo, você dá força a isso. Torna a coisa mais forte e faz o inimigo se esconder dentro de você, na escuridão, onde você fica mais vulnerável. Quando estava no consciente, estava na luz e você estava menos vulnerável.

Renúncia é repressão.

ão existe nada de grandioso, de monumental; a vida consiste em coisas muito pequenas. Portanto, se você se interessa pelo que é supostamente grandioso, está desperdiçando a sua vida.

A vida consiste em beber uma xícara de chá, bater papo com um amigo; fazer uma caminhada de manhã e não ir a nenhum lugar em particular, apenas caminhar, sem objetivo, sem destino, e voltar a qualquer momento; cozinhar para alguém que você ama, cozinhar para você mesmo, porque você ama o seu corpo também; lavar suas roupas, limpar o chão, regar o jardim...

São essas pequenas coisas, coisas muito pequeninas: dizer olá a um estranho, o que nem era necessário, porque você não tinha nada a tratar com o estranho. A pessoa que pode dizer olá a um estranho também pode dizer olá a uma flor, também pode dizer olá a uma árvore, pode cantar uma canção para os pássaros.

oventa por cento das doenças mentais deste mundo nada mais são que sexualidade reprimida, e cinquenta por cento das doenças físicas são sexualidade reprimida. Se conseguirmos aceitar a sexualidade naturalmente, noventa por cento das doenças mentais simplesmente deixarão de existir e cinquenta por cento das doenças físicas desaparecerão sem deixar vestígios. E pela primeira vez você vai encontrar seres humanos numa nova era em que haja respeito à saúde, ao bem-estar e à integridade física.

A regra de ouro da vida é que não existem regras de ouro. Não podem existir, a vida é tão vasta, tão imensa, tão estranha, misteriosa... Não pode ser reduzida a uma regra ou a uma máxima. Todas as máximas são insuficientes, muito pequenas, não podem conter a vida e suas energias naturais. Por isso, a regra de ouro é importante: não existem regras de ouro.

Um ser humano autêntico não vive de acordo com regras, máximas, mandamentos. Esse é o caminho do falso ser humano. O ser humano autêntico simplesmente vive.

As pessoas inconscientes são previsíveis, você pode manipulá-las com facilidade. Como elas reagem, você pode levá-las a fazer coisas, dizer coisas — mesmo coisas que nunca quiseram fazer ou nunca quiseram dizer.

Mas um ser humano com consciência, um ser humano autenticamente religioso, só responde, não reage. Ele não está nas suas mãos, você não pode pressioná-lo, não pode obrigá-lo a fazer nada. Você não consegue extrair nem mesmo uma única frase dele. Ele fará somente aquilo que neste momento, com base na sua própria consciência, achar apropriado.

Sem consciência, seja o que for que você fizer, vai criar mais e mais problemas, que o levarão a se afastar cada vez mais da sua natureza e serão muito difíceis de resolver, porque serão falsos.

Mesmo que você consiga resolvê-los, não terá resolvido coisa nenhuma. Sua perversão começará a se mover em outra direção, assumirá outra forma. Ela pode não entrar pela mesma porta, mas vai encontrar outra porta. Sua casa tem muitas portas e várias delas você nem sequer conhece.

Mas com a luz, com a chama da consciência acesa no seu mundo interior, você vê a sua casa pela primeira vez, com todas as suas portas e janelas. E, se a casa está iluminada, não é preciso que eu diga: "Faça isso, não faça aquilo". Não há necessidade, você só fará o que é certo.

As pessoas estão sempre me perguntando: "O que é certo, o que é errado?" Minha resposta é: o que vem da consciência está certo, o que é fruto da inconsciência está errado. Não são as atitudes que são certas ou erradas. É a fonte de onde elas vêm que é certa ou errada.

Você alguma vez já sentiu que a existência é miserável? Qual é a necessidade de tantas estrelas? Esses tolos que fazem essa pergunta, se encontrarem o criador vão acreditar nele, vão perguntar: "Qual a necessidade de tantas estrelas? Pra que todo esse luxo? Um pouco menos já não estava bom? Qual é a necessidade de tantos pássaros, animais, seres humanos?"

E você sabia que os cientistas reconheceram o fato de que existe vida em pelo menos uns cinquenta mil planetas? Não sabemos que matizes a vida assumiu por lá — que forma, que beleza, que tipo de ser humano evoluiu por lá —, mas uma coisa é certa, a existência é abundante. Com tudo ela é exuberante. Não é uma existência pobre, miserável, não. A pobreza é criação do homem.

É estranho que Deus continue sentado em seu trono, batendo papo com o Espírito Santo, brincando com seu filho unigênito, Jesus, enquanto o Diabo continua perambulando pelo mundo inteiro. Continua criando Adolf Hitlers, Josef Stalins, Benito Mussolinis, Mao Tsé-Tungs... Toda a História parece ser noventa e nove vírgula nove por cento criação do Diabo.

Só dizendo, "Bem-aventurados os pobres, porque deles é o Reino de Deus", você não vai acabar com a pobreza. Do contrário, em dois mil anos os padres cristãos já teriam dizimado a pobreza. A pobreza continua crescendo, os "pobres bem-aventurados" continuam aumentando.

Na verdade, existem tantos pobres bem-aventurados no Reino de Deus, compartilhado por todos esses bem-aventurados, que eles vão ficando cada vez mais pobres, porque não vão ter para si uma parte muito grande desse reino.

Qual é a necessidade de se ter nações? A Terra toda é uma só. Só nos mapas se continua marcando fronteiras e se continua guerreando, matando e assassinando por causa dessas fronteiras. Que jogo mais idiota!

A menos que toda a humanidade tenha enlouquecido, é impossível continuar assim. Qual é a necessidade das nações? Para que passaportes, vistos e fronteiras? Toda esta Terra pertence a nós e, onde quer que alguém queira estar, tem de ter o direito de estar.

Políticos e sacerdotes estão constantemente conspirando, trabalhando juntos, de mãos dadas. O político tem o poder político, o padre tem o poder religioso.

O político protege o sacerdote, o sacerdote abençoa o político — e as massas são exploradas, sugadas. Seu sangue é sugado pelos dois.

Elimine Deus e você elimina os políticos, elimina a política, elimina o sacerdote, elimina a conspiração entre o sacerdote e o político. E com esses dois eliminados, cinquenta por cento das misérias humanas deixarão de existir.

O mundo pode realmente ser um paraíso. Na verdade, não haverá outro paraíso se não for o que fizermos aqui.

Todas as religiões estão pregando, "Sirva aos pobres", mas nenhuma religião está disposta a dizer: "Aceitem o controle de natalidade para que a população se reduza". Eu sou a favor do controle absoluto da natalidade.

Se você respeitar a vida, começará a achar difícil até mesmo arrancar uma flor. Você vai apreciar a flor, vai amar a flor; pode tocar a flor, pode beijar a flor — mas, arrancando-a, você está destruindo a flor e ferindo a planta, que está tão viva quanto você.

A não violência diz simplesmente para não matarmos os outros. Você acha suficiente? É apenas uma instrução: não matem os outros, não prejudiquem os outros. É suficiente?

A reverência pela vida diz compartilhe, espalhe sua alegria, seu amor, sua paz, sua felicidade. Tudo o que puder compartilhar, compartilhe. Se você é reverente com relação à vida, ela se torna uma devoção, e em toda parte você sente a existência viva. Então regar uma árvore torna-se uma devoção, então oferecer uma refeição a um hóspede torna-se uma devoção.

Qualquer maluco pode apertar um botão e acabar com toda a espécie humana, com toda a vida na Terra. Mas talvez, lá no fundo, a espécie humana também queira se livrar de si mesma. Talvez as pessoas não tenham coragem suficiente para tirar a própria vida, mas em massa elas estejam mais preparadas.

As religiões têm dado ao ser humano ficções pelas quais viver. Agora todas essas ficções estão se desmantelando e ele não tem mais nada pelo que viver — por isso a angústia. A angústia não é um estado comum de preocupação. A preocupação está sempre centrada num determinado problema. Você não tem dinheiro, surge a preocupação; você não tem roupas suficientes e o frio está chegando, você fica preocupado. Você está doente e não tem remédios, há preocupação. A preocupação está relacionada a um determinado problema.

A angústia não está relacionada a nenhum problema assim. Simplesmente o fato de existir parece uma coisa inútil, fútil. O ato de respirar parece que só faz você se arrastar desnecessariamente pela vida, porque quem sabe o que vai acontecer amanhã? Ontem você também estava pensando no que iria acontecer no dia seguinte. Agora já é o amanhã de ontem, que se tornou o hoje, e nada aconteceu. E tem sido assim há anos.

Você continua projetando o amanhã. Até que chega um momento em que começa a perceber que nada vai acontecer. Então vem o estado de angústia. Na angústia, só uma coisa parece fazer sentido: conseguir sair deste ciclo de vida — por isso o suicídio, o aumento no índice de suicídios e o desejo inconsciente da humanidade de que a raça humana seja dizimada. "Daí não vou ser acusado de tirar minha própria vida. A humanidade toda foi destruída e eu junto com ela."

Lembre-se sempre: os indivíduos não cometem grandes crimes. São sempre as multidões que cometem grandes crimes, porque numa multidão nenhum indivíduo se sente responsável pelo que está acontecendo. Ele pensa: "Só estou agindo como todo mundo".

Individualmente, quando comete um crime, você precisa pensar em três coisas antes de agir: o que você vai fazer? Está correto fazer isso? Sua consciência está tranquila? Mas, se está em meio a uma multidão, você pode se misturar com a multidão, ninguém vai nem descobrir que você também fazia parte dela.

O que chamamos de democracia ainda não chegou ao ponto de ser democracia. Em todo lugar só existe a oclocracia, pois a massa que elege os representantes é só uma turba, não está alerta nem consciente.

Para mim, o maior problema da humanidade é que ela não sabe nada sobre meditação. Para mim, esse é o maior problema. Não é nem a superpopulação, nem a bomba atômica, nem a fome... Não. Esses não são os problemas básicos, de fácil solução para a ciência.

O único problema básico que a ciência não vai ser capaz de resolver é o fato de que as pessoas não sabem meditar.

Agora chegamos a um ponto em que ou mudamos e jogamos fora toda a herança do passado, que causa uma cisão dentro de nós — e nos tornamos inteiros — ou estaremos prestes a cometer suicídio global. Só podemos suportar a angústia até certo ponto. Agora ela está ficando insuportável. Vamos chegar a um ponto em que ela ficará absolutamente insuportável. E existem apenas duas possibilidades: suicídio ou *sanyas*.

Por *sanyas,* eu simplesmente quero dizer: aceitar a si mesmo em sua totalidade. Não ignore nenhuma parte de si mesmo, não esconda nada na escuridão. Você vai para a luz e se vê com os olhos de um amigo. Esta é a sua energia e esta é a energia que você tem que trabalhar. Quando você trata a sua energia como uma amiga, ela também trata você como um amigo. E ser amigo de si mesmo é uma das melhores coisas que pode acontecer na vida de uma pessoa.

Jesus diz: "Ame seus inimigos como ama a si mesmo". Mas ele esquece completamente que ninguém ama a si mesmo. Como você pode amar seu inimigo? E numa passagem ainda mais difícil, ele diz: "Ame o próximo como a si mesmo". Isso é ainda mais difícil. Você pode até conseguir amar o inimigo, porque ele está longe, mas o vizinho que bate a porta na sua cara, como você pode amar esse sujeito? Que dirá amar o próximo como a si mesmo...

Eu digo, não cometa esse erro. Porque você não se ama; se começar a fazer com o próximo o que faz consigo mesmo, você vai matá-lo, porque você já matou a si mesmo. Você está vivendo uma existência póstuma. Por favor, não faça a mesma coisa com o próximo, e nunca faça a mesma coisa com o inimigo. O que o pobre fez a você? Por que ser assim tão cruel com ele? Você naturalmente tem direito de fazer o que quiser consigo mesmo, mas não tem o direito de fazer o mesmo com o próximo ou com o seu inimigo. Não, eu preciso lhe dizer que você nunca amou a si mesmo. Esqueça o inimigo, esqueça o próximo — primeiro ame a si mesmo.

Una o seu bem e o seu mal, não os divida. Torne-se uma coisa só e, nessa unidade, você verá que não existe nenhum Deus lá fora, nenhum Demônio lá fora. Essas eram projeções da sua cisão interior. Então você também verá lá fora uma totalidade, uma imensa unidade entre a escuridão e a luz, entre a morte e o nascimento. Verá essa unidade e essa totalidade em todo lugar; Deus e o Demônio andando de mãos dadas, trabalhando juntos. Ninguém é contra ninguém, tudo se complementa. O que você chama de bom e o que você chama de mau são complementares. Não podem existir separadamente, só podem existir juntos. E essa união é o caminho para ver o Universo em sua totalidade, em seu estado de comunhão.

Eu ensino o egoísmo. Quero que você veja, primeiro, o seu próprio florescer. Sim, vai parecer egoísmo e não tenho nenhuma objeção ao fato de parecer egoísmo. Está tudo bem para mim. A rosa é egoísta quando floresce? O lótus é egoísta quando floresce? O sol é egoísta quando brilha? Então por que você deveria ficar preocupado com o egoísmo?

Você nasceu, o nascimento é apenas uma oportunidade, só um começo, não um fim. Você tem que florir. Não desperdice seu nascimento com nenhum tipo de serviço idiota ao próximo. Sua primeira e principal responsabilidade é florescer, tornar-se completamente consciente, alerta; e nessa consciência você será capaz de ver o que pode compartilhar, como pode resolver os problemas.

Uma coisa eu sei com certeza: quando florescer, você vai compartilhar. Não há nenhuma forma de evitar isso. Quando a flor se abre, não há como impedir que sua fragrância se espalhe, como mantê-la só para si. O perfume se espalha em todas as direções. Portanto, primeiro sinta-se preenchido, satisfeito. Primeiro, viva. Então, do seu ser, exalará uma fragrância que atingirá muitos. E não será um serviço ao próximo, será um puro e alegre compartilhar. E não existe nada mais prazeroso do que compartilhar sua alegria.

Você só precisa de poder se quiser fazer algo prejudicial; caso contrário, basta o amor, basta a compaixão.

Não há necessidade de guerras, não há necessidade de pobreza. Temos dinheiro suficiente, recursos suficientes, mas grande parte dos recursos mundiais vai para a guerra. Se impedirem que essa grande parte leve a humanidade à morte, não haverá necessidade de ninguém ficar menos rico. A vida de todos os pobres poderá melhorar. A ideia de Marx, Lenin, Stalin, Mao Tsé-tung — toda a filosofia deles é baixar os mais ricos ao nível dos pobres. O que chamam de comunismo, eu chamo de estupidez. Minha ideia é elevar cada pessoa cada vez mais e levá-la ao nível da pessoa mais rica. Não há necessidade de pobreza. Também teremos uma sociedade sem classes, mas será de pessoas ricas.

O ser humano pode viver uma vida tremendamente rica, feliz, extasiante. Mas a primeira coisa é: ele tem que aceitar sua responsabilidade. Todas as religiões têm ensinado as pessoas a fugir da sua responsabilidade e jogá-la nas costas de Deus. E não existe Deus nenhum. Você não faz coisa alguma, porque acha que Deus vai fazer tudo — e não existe Deus nenhum para fazer coisa alguma. Então o que mais você esperava? O que está acontecendo, o que aconteceu e o que vai acontecer é o resultado natural dessa ideia de que existe um criador.

Se tivessem falado às pessoas: "Esta é a sua existência. Você é responsável por tudo que é, por tudo que faz e por tudo que acontece na sua vida. Tenha maturidade. Não seja tão infantil..." Mas esse Deus não deixa que você amadureça, a "divindade" dele depende da sua imaturidade, da sua infantilidade. Quanto mais idiota você for, mais crédulo será também e mais grandioso será esse Deus. Quanto mais inteligente você for, menos grandioso ele será. Se você for realmente inteligente, não existirá Deus nenhum. Então haverá a existência, haverá você — e você vai criar. Mas o Criador não permite que você se torne o criador.

Toda a minha abordagem é para que você se torne o criador. Você precisa liberar suas energias criativas. E isso só é possível se esse Deus, que nada mais é do que um Godot, for eliminado, sumariamente eliminado da sua visão da vida. Sim, no início você vai se sentir muito vazio, porque esse lugar em você já foi preenchido por Deus. Por milhões de anos ele esteve lá, o santuário sagrado em seu coração foi preenchido com a ideia de Deus. Agora, de repente, jogando-o fora, você vai se sentir vazio, com medo, perdido. Mas é bom se sentir vazio, é bom sentir medo, é bom ficar perdido, porque essa é a realidade. E o que você estava sentindo antes era apenas uma ficção. Ficções não servem para muita coisa. Podem lhe dar algum consolo, mas de que serve o consolo?

O que é necessário é transformação, não consolo. O que é necessário é tratar todas as doenças que você vem carregando, não consolo.

A verdade é uma revelação. Ela já existe. Você não tem que inventá-la, você tem que descobri-la.

Os jornalistas continuam à procura de sensação — o negócio deles depende apenas da sensação. Eles exploram os instintos mais inferiores da humanidade. O jornalismo ainda não chegou à idade adulta, ainda não amadureceu. Por isso, se acontece um estupro, isso vira notícia; se acontece um assassinato, isso vira notícia; se acontece um suicídio, isso vira notícia. Qualquer coisa vil, nojenta e criminosa vira notícia; e nada que seja bonito vira notícia. Se um cão morde um homem, isso não é notícia, isso é algo natural. Mas se um homem morde um cão, isso vira notícia. E o jornalista não está interessado em saber se isso é verdade ou não, só o boato já é suficiente.

Existe uma antiga definição de filósofo: o filósofo é um cego numa casa às escuras, sem iluminação, numa noite escura, à procura de um gato preto que não está lá. Essa é uma definição antiga de um filósofo. Permita-me acrescentar algo mais: o jornalista é aquele que encontra o gato. Aí vira notícia.

Estou continuamente dando a você a resposta certa para a pergunta errada, mas nada mais pode ser feito. Posso entender que você não saiba fazer a pergunta certa. E eu não posso lhe dar a resposta errada — então o que fazer? Continuamos assim. Você fazendo sempre a pergunta errada... Mas eu não me importo muito com a sua pergunta. Vou continuar respondendo o que quero, sua pergunta é só uma desculpa.

Você é um todo harmonioso. Tudo está integrado a todo o resto. Você não pode tornar uma parte rica e outra parte pobre. O todo é afetado, torna-se pobre ou rico. Você tem que aceitar a sua totalidade. Então viva, e viva intensamente. Queime o pavio da sua vida dos dois lados. Só uma pessoa assim morre feliz, sorridente...

Um mestre estava morrendo, eram seus últimos instantes. Seus discípulos haviam se reunido. Um discípulo perguntou: "Mestre, você está nos deixando. Qual é a sua última mensagem?"

O mestre sorriu, abriu os olhos e disse: "Estão ouvindo o esquilo correndo no telhado?" Então ele fechou os olhos e morreu. Os discípulos ficaram confusos — que tipo de mensagem era aquela? "Estão ouvindo o esquilo correndo no telhado?" Mas essa era a mensagem de toda a vida dele: fique no momento.

Naquele momento ele estava apreciando o esquilo. Quem liga para a morte? E quem liga para a última mensagem? Ele estava vivendo o momento, o aqui e agora. E essa era a mensagem dele: não vá a lugar algum. Só fique no aqui e agora, até mesmo no momento da morte — o mestre ouviu o barulho do esquilo no telhado e se foi.

Ora, o tal homem deve ter vivido imensamente, imensuravelmente, incrivelmente! Nenhum pesar, pura gratidão — até sorriu ao morrer. O que mais você quer como última mensagem? Um sorriso basta. E sorrir às portas da morte só é possível se não houver momentos não vividos enfileirados atrás de você, aprisionando você, perguntando: "E quanto a mim?" — aqueles momentos incompletos.

Mas, se não há nada incompleto — todos os momentos foram concluídos —, não existe nada, apenas silêncio. E, se todos os momentos foram concluídos, não há nada no futuro também, porque é apenas o momento incompleto que pede um amanhã. Se você não conseguiu concluí-lo ontem, conclua-o amanhã. Mas, se não houver um ontem incompleto, então não haverá projeção para amanhã. Portanto este momento é tudo que existe.

Eu vivo sem pensar no passado, sem pensar no futuro, e descobri que esse é o único jeito de se viver. Do contrário, você só finge que está vivendo, você não vive. Você quer viver, mas não vive. Você se lembra de que viveu, mas na verdade não viveu.

Ou é memória ou é imaginação, mas nunca é realidade.

A existência conhece apenas um tempo: o tempo presente. É a linguagem que inventa três tempos e três mil tensões em sua mente. O presente conhece apenas um tempo e esse tempo é o presente. E ele não é uma tensão de maneira nenhuma, é totalmente relaxante. Quando você está totalmente aqui, nenhum passado puxa você de volta e nenhum amanhã puxa você para outro lugar; você relaxa.

Para mim, estar no momento é meditação — estar completamente no momento. E, quando isso acontece, o momento é tão bonito, tão fragrante, tão fresco! Nunca fica velho, nunca vai a lugar nenhum.

A maior necessidade do ser humano é se sentir necessário; de outro modo, ele fica inquieto. As árvores, as nuvens, o sol, a lua, as estrelas, as montanhas — nenhum deles parece estar preocupado com você. Toda a existência parece indiferente. Se você existe ou não, ninguém se importa. Essa condição deixa a mente muito instável. Aí que entra a religião, a suposta religião.

A verdadeira religião tentará, de todas as maneiras, ajudar você a se libertar dessa necessidade, para que veja que não há necessidade nenhuma de alguém precisar de você. Esperar por isso é se agarrar a uma ficção.

H á situações em que é preciso deixar a pessoa se virar sozinha, só assim ela conseguirá descobrir como fazer as coisas. Se tentar ajudá-la, você estará incapacitando-a.

Não tente forçar ninguém a aceitar a sua ajuda, caso essa pessoa tenha condições de se virar por conta própria. Não force ninguém a ver através dos seus olhos, se essa pessoa tiver olhos. Pelo menos faça o favor de não colocar os seus óculos em ninguém, seus graus são diferentes. Você vai deixar essa pessoa cega, vai distorcer a visão dela.

A pessoa religiosa não tem nenhuma obsessão. A vida dela é simples, natural, espontânea, vivida momento a momento. Ela não tem grandes ideias sobre o que quer trazer ao mundo. Não tem grandes ideologias que queira impor à humanidade.

No profundo silêncio, não há o que é meu e o que é seu. A vida é simplesmente vida, é um fluxo. Estamos unidos por fios invisíveis. Se eu o feri, feri a mim mesmo. Se eu me ferir, estou ferindo você e todo mundo.

A vida é um fluxo, um movimento, um *continuum*. Não há nada de errado nisso. Aproveite esse momento que vem e que vai. Usufrua da vida ao máximo, porque ela é passageira.

Não perca tempo pensando. Não comece a pensar que a vida é passageira. Não se preocupe com o que vai acontecer amanhã, se algo vai lhe acontecer ou não, e não pense no tempo que passou. Enquanto o momento durar, extraia todo o seu sumo, beba-o até a última gota. Depois, o que importa se esse momento vai passar ou não? Se não passar, vamos nos deleitar com ele. Se passar, ótimo, vamos nos deleitar com algum outro momento.

É apenas o passado não vivido que se torna um fardo psicológico. Deixe-me repetir: o passado — aqueles momentos que você poderia ter vivido, mas não viveu, aquelas histórias de amor que poderia ter vivido, mas não viveu, aquelas canções que poderia ter cantado, mas ficou ocupado com outra coisa idiota e esqueceu a canção. Esse é o passado não vivido que se torna seu fardo psicológico e fica mais pesado a cada dia que passa.

É por isso que o sujeito velho vive tão irritado. Não é culpa dele. Ele não sabe por que é tão irritadiço, por que tudo o tira do sério, por que está constantemente com raiva e não consegue deixar ninguém ser feliz; por que não pode ver crianças dançando, cantando, saltitando, brincando, por que quer que todo mundo fique quieto. O que aconteceu com ele?

Trata-se de um fenômeno psicológico muito simples: toda a vida dele passou e ele não viveu. Quando a criança começava a dançar, sua criança interior era de alguma forma lembrada de que tinha sido impedida de dançar — talvez pelos pais, pelos mais velhos, talvez por ela mesma, porque dançar não era uma coisa respeitosa. Quando o levavam à casa dos vizinhos, os pais apresentavam o filho assim: "Olhe que criança mais calma, tranquila, quietinha! Não faz bagunça, é tão comportada!" O ego da criança ficava todo inchado. Mas, de algum modo, ela deixou de viver. Agora não consegue suportar, não consegue tolerar nenhuma criança. Na verdade, é sua infância não vivida que começa a doer dentro dessa pessoa. Ficou ali uma ferida. E quantas feridas você está carregando dentro de si? Milhares de feridas, porque quanta coisa deixou de viver?

Quando estiver encontrando um amigo, encontre-o de fato. Quem sabe se um dia vai encontrá-lo outra vez? Se não fizer isso, você vai se arrepender. Esse passado não vivido vai assombrar você — você queria dizer algo e pode não ter dito. Há pessoas que querem dizer "Eu te amo" para alguém e deixam que anos se passem sem conseguir dizer. E essa pessoa um dia morre e então elas choram e dizem: "Eu queria tanto ter dito 'eu te amo' a ela, mas nem isso consegui..."

Eu ensino você a viver com intensidade, em êxtase, de todas as formas possíveis. No nível físico, no nível mental, no nível espiritual — viver no máximo das suas possibilidades. Extraia de cada momento único todos os prazeres, todas as felicidades possíveis, para que não se arrependa depois e diga: "O momento passou e eu não o vivi".

São muito poucas as pessoas que vivem de fato. Noventa e nove vírgula nove por cento das pessoas cometem um suicídio lento.

De uma semente, podem vir milhões de sementes. Você percebe a abundância e a riqueza da existência? Uma única semente pode tornar toda a terra verdejante, todo o universo verdejante, que dirá a Terra? Apenas uma semente! Tanto potencial transportado numa única sementinha. Mas você pode mantê-la em seu cofre, na sua conta bancária, e viver uma vida que não é vida coisa nenhuma.

Qualquer que seja o seu sonho, tome nota disto: o sonho indica que você está deixando de viver a realidade. Quando a pessoa vive na realidade, os sonhos dela começam a desaparecer. Não há nada para ela sonhar. No momento em que vai dormir, ela coloca um ponto-final no trabalho do dia. Ela não carrega nada, não deixa que reste nada para se transformar em sonhos.

Ontem não pode ser vivido. Sim, na imaginação pode, mas não de verdade. O passado está morto. Não há maneira de revivê-lo outra vez. Você não pode voltar no tempo. O que se foi se foi para sempre. Mas milhões de pessoas, noventa e nove vírgula nove por cento das pessoas, optaram por viver o ontem ou o amanhã. E o amanhã não existe e não vai existir nunca. Ele nunca chega, pela sua própria natureza. Está sempre vindo, vindo, vindo — mas nunca chega. É só uma esperança que nunca vai se concretizar.

Não existe vida após a morte, do modo como você conhece a vida. E para existir vida, você tem que aprender a viver o agora, e você tem que viver tão total e intensamente que, se houver mesmo vida após a morte, você vai ser capaz de viver lá também. Se não houver, nada de discussão. Essa deve ser sempre a abordagem racional da pessoa.

Seja inteligente e o amor lhe dará todas as cores do arco-íris. E você será preenchido por muitas pessoas, em muitos aspectos, porque uma mulher pode tocar um aspecto do seu ser, mas os outros aspectos permanecerão famintos, sedentos. Um homem pode tocar uma parte do seu coração, mas as outras partes permanecerão sem crescimento. Se você se agarrar a ele, então uma parte se tornará um monstro e todas as outras partes vão se encolher diante dele.

Concentre toda a sua energia no aqui e agora. Derrame-a sobre este momento, com totalidade, com tanta intensidade quanto conseguir. E nesse momento você sentirá a vida. Para mim esta vida equivale a Deus. Não existe outro Deus que não seja esta vida.

Para ser infeliz, é preciso uma razão. Mas, para ser feliz, nenhuma razão é necessária. A felicidade se basta. É uma experiência tão linda, de que mais você precisa? Por que precisaria que alguma coisa a causasse? Ela é suficiente em si mesma, é uma causa em si mesma.

Se você cria uma canção, uma música, um jardim, você está sendo religioso. Ir à igreja é tolice, mas criar um jardim é algo tremendamente religioso.

Se você conseguir viver esta vida plenamente, não vai dar a mínima para o que possa acontecer depois da morte, porque tanta coisa vai estar acontecendo agora que você nem cogitará que é possível viver mais do que isso.

O que ofereço a você não é um sistema fechado, é um experimento aberto. Qualquer verdade que puder surgir posteriormente pode ser absorvida por esse sistema sem causar nenhum conflito, porque eu disse a você, e volto a dizer, que não existem contradições na vida. Todas as contradições se complementam.

Portanto, mesmo que algo contradiga qualquer coisa que eu tenha dito antes, isso pode ser assimilado sem medo, porque a minha posição é a seguinte: a contradição é uma complementaridade. Assim como o dia e a noite são complementares e a vida e a morte são complementares, todas as contradições são complementares. Por isso, você pode assimilar a verdade mais contraditória que surgir no futuro e ela fará parte do meu sistema.

Você pode fazer cemitérios belos — com jardins, gramados, flores, túmulos de mármore —, mas não pode esconder o fato da morte. Veja que, em todos os países, os cemitérios ficam fora da cidade. Deveriam ser bem no meio dela, para que todos que passassem por eles fossem sempre lembrados da morte, várias e várias vezes. A morte é a única certeza. Todo o resto é só provável: pode acontecer, mas pode não acontecer.

Mas a morte não é uma possibilidade. A morte é a única certeza em toda a sua vida. Aconteça o que acontecer, a morte é certa. Você não vai escapar dela, não vai conseguir se afastar dela. A morte o encontra aonde quer que você vá.

Depois de uma certa idade — por exemplo, se você aceitar 70 anos como a idade média, ou 80 ou 90 anos como a idade média —, a pessoa deveria ter liberdade para pedir ao médico: "Eu quero me libertar do meu corpo". Ela tem todo o direito de não querer viver mais, porque já viveu o bastante. Já fez tudo que queria e agora não quer morrer de câncer ou tuberculose. Simplesmente quer uma morte mais pacifica.

Todos os hospitais deveriam ter um lugar especial para essas pessoas, com uma equipe médica especializada, onde elas pudessem ir, relaxar e receber ajuda para morrer com dignidade, sem nenhuma doença, amparadas pela equipe médica.

Se digo que não existe experiência na vida mais significativa do que a morte, digo isso não porque tenha morrido e voltado para contar, mas porque sei que, na meditação, você vai para o mesmo espaço para onde vai ao morrer. Na meditação, você não é mais a sua fisiologia, não é mais a sua biologia, não é mais a sua química, não é mais a sua psicologia; tudo isso é deixado para trás.

Você chega ao centro mais profundo do seu ser, onde existe apenas consciência pura. Essa consciência pura estará com você ao morrer, porque é algo que não pode ser tirado de você. Todas aquelas coisas que podem ser tiradas, nós tiramos com nossas próprias mãos na meditação.

Portanto, a meditação é uma experiência de morte em vida. E é tão bonita, tão indescritivelmente bela que só uma coisa pode se dizer sobre a morte: ela deve ser a experiência da meditação multiplicada por mil. A experiência da meditação multiplicada por mil é a experiência da morte.

É a gente que vem e que vai. A existência permanece onde está. Não é o tempo que passa, é a gente que vem e vai embora. Mas essa é uma falácia para todos nós: em vez de ver que somos nós que passamos, criamos uma grande invenção, o relógio — as horas é que passam.

Pense, se não houver nenhum ser humano na terra, será que o tempo vai passar? As coisas estarão todas lá, o mar ainda estará lá na praia, suas ondas quebrando sobre as rochas. O sol nascerá, o sol vai se pôr, mas não haverá manhã, não haverá noite. Não haverá tempo como o conhecemos. O tempo é uma invenção da mente.

Basicamente, o tempo só pode existir com o ontem e o amanhã. O momento presente não faz parte do tempo.

Se você está simplesmente aqui e agora, o tempo não existe.

Por que você deveria insistir para que este momento dure para sempre? Como você pode saber se não virão momentos melhores? Um instante atrás, você não teria pensado que este momento seria assim e, quem sabe, quando este momento se for, algo melhor não estará a caminho? Na verdade, está a caminho, porque, se você se entregou a este momento totalmente, aprendeu algo de enorme importância. Você estará usando o que aprendeu no momento seguinte. A cada momento, sua maturidade aumenta.

A cada momento você fica mais centrado, mais no momento, mais consciente, mais alerta, mais capaz de viver.

Muitas das minhas afirmações vão parecer contraditórias se comparadas com o que eu disse no passado. Não se preocupe. O que estou dizendo agora está certo e tudo o que eu disser amanhã estará mais certo ainda. A última frase que eu pronunciar no meu leito de morte será, por fim, a mais correta. Antes disso, você não pode concluir nada. Estou vivo e não me prendo ao passado.

A vida tem seus próprios caminhos. No momento em que começa a querer controlar tudo, você a estraga. Dê liberdade à vida.

Você precisa entender uma coisa muito fundamental: o mundo é composto de verbos, não de substantivos. Os substantivos são uma invenção humana — necessária, mas, no final das contas, só uma invenção humana. Mas a existência é composta de verbos, só de verbos — não de substantivos e pronomes. Veja bem, você olha uma flor, uma rosa. Chamá-la de flor não está correto, porque ela não parou de florescer, ainda está florescendo; é um verbo, um fluxo. Chamando-a de flor, você a torna um substantivo. Você vê o riacho e o chama de riacho; você o torna um substantivo. O correto seria "riachando". Para a existência, seria mais preciso dizer que ele está "riachando", fluindo.

Tudo está mudando, fluindo. A criança está se tornando um jovem, o jovem está envelhecendo, a vida está se transformando em morte, a morte está se transformando em vida. Tudo é uma continuidade, uma mudança contínua, um *continuum*. Nunca haverá uma interrupção, uma parada completa. Isso acontece apenas na linguagem.

Na existência, nunca ocorre uma parada completa.

O ser humano de consciência é imprevisível, porque ele nunca reage. Você não consegue saber de antemão o que ele vai fazer. E, a cada momento, ele é novo. Pode ter agido de certa maneira num determinado momento. No momento seguinte, pode não agir da mesma maneira, porque no momento seguinte tudo mudou. A todo instante, a vida está mudando continuamente. Ela é um rio em movimento. Nada é estático, exceto a sua inconsciência e as suas reações; estas, sim, são estáticas.

O amor é um relacionamento mutável, não é estável. Por isso passou a existir o casamento. O casamento é a morte do amor.

Quase todos os homens desconfiam da esposa, toda esposa suspeita do marido. O próprio fenômeno do casamento existe porque você não consegue confiar. Por isso, o casal tem que colocar a lei entre eles; do contrário, o amor seria suficiente.

Mas ninguém confia no amor e há uma razão para não se confiar nele. As flores de roseira naturais espalham sua fragrância e morrem. Apenas uma rosa de plástico não nasce e por isso nunca morre. Você precisa entender: o amor, para ser real, um dia nasce, cresce e dá flores — mas nada é eterno. Ele desaparece, diminui e morre. Você não pode confiar nisso. Precisa colocar a lei, em vez do amor, entre vocês.

A lei é uma coisa de plástico. Casamento é isto: o amor se torna algo de plástico. Agora você pode ter certeza de que a lei prevalecerá. O amor morrerá mais cedo do que morreria se não houvesse casamento, mas você vai fingir que ele continua existindo. Daí a suspeita.

Aqueles que se amam entendem isso. Havia algo tremendamente belo, que os preenchia, que os transportava para outra dimensão. Mas agora se foi; eles serão gratos um ao outro, não vão discutir. Eles se entregaram um ao outro em alguns momentos eternizados. Vão se lembrar desses momentos, mas não sentirão nenhum rancor. Vão se despedir como amigos, muito agradecidos um ao outro.

Por que ficar confinado a um único amor? Por que se forçar a ficar confinado a um único amor? A natureza não tem intenção que seja assim. A natureza espera que você saiba amar de todas as formas possíveis, porque o que você pode conhecer com uma mulher, você não pode conhecer outra. O que você pode conhecer e experimentar com um homem, você não experimentará com outro homem. Cada amor é único; não existe competição, não existe discussão.

Todo o meu trabalho é demolir, demolir todas as mentiras que o cercam e não substituí-las por coisa nenhuma. Deixar você completamente nu em sua solitude. Para mim, apenas em sua solitude você pode conhecer a verdade, porque você é a verdade.

Solidão é quando você está sentindo falta do outro. Solitude é quando você está encontrando a si mesmo.

Nesta vida, tudo é momentâneo. Para mim, não existe nada de errado em algo ser momentâneo — na verdade, pelo fato de ser momentâneo, isso fica mais emocionante, mais extasiante! Torne isso permanente e a coisa toda estará morta.

Não sou contra o dinheiro, sou contra a obsessão. A pessoa obcecada por dinheiro não pode usufruir dele. Ela está na verdade destruindo o dinheiro, o próprio propósito do dinheiro. Em todos os idiomas, em todas as línguas do mundo, o dinheiro é chamado de *moeda corrente*. Isso faz sentido: o dinheiro precisa ser uma corrente, como um rio, fluindo, correndo. Quanto mais rápido o dinheiro flui, mais rica é a sociedade.

Se eu tiver uma nota de cem comigo e simplesmente a manter no bolso, sem nunca usá-la, vai fazer alguma diferença se eu a tiver ou não? Eu poderia ter guardado um pedaço de papel qualquer no bolso e ele teria servido ao mesmo propósito.

Mas, se eu usar essa nota de cem e ela circular por esta sala e todos que colocarem as mãos nela imediatamente a usarem, de modo que ela passe por cem mãos, então seria cem multiplicado por cem. Assim, todo esse montante estaria aqui nesta sala. O avarento é, na verdade, contra o dinheiro. Ele está destruindo sua utilidade, porque o está impedindo de ser moeda corrente.

A felicidade costuma ser sempre causada por algo: você ganhou um prêmio Nobel e fica feliz, você recebe uma recompensa e fica feliz, você vence uma competição e fica feliz. Algo causou essa felicidade, mas ela depende dos outros. Quem decide quem ganhará o prêmio Nobel é o comitê do Nobel. Quem decide quem ganhará a medalha de ouro são os juízes da competição. Essa felicidade depende dos outros.

A felicidade de verdade é algo totalmente diferente. Ela não depende de ninguém. É a alegria de criar alguma coisa. Se alguém vai apreciar isso ou não, é irrelevante. Você apreciou enquanto estava fazendo e isso é suficiente, mais do que suficiente.

As pessoas chegam ao degrau mais alto da escada, aí tomam consciência de que toda a sua vida foi um desperdício. Elas conseguiram chegar, mas onde? Chegaram ao lugar que almejavam, pelo qual lutaram — e não foi uma luta qualquer, foi uma luta ferrenha. Precisaram destruir muitas pessoas, usar muitas pessoas para chegar aonde queriam; passaram por cima delas.

Você chegou ao último degrau da escada, mas o que ganhou? Simplesmente desperdiçou toda a sua vida. Agora, até para reconhecer isso, é preciso uma tremenda coragem. É melhor continuar sorrindo e alimentando a ilusão, pelo menos assim os outros vão acreditar que você é o maioral.

Na existência, o mais extraordinário é ser comum. Todo mundo quer ser extraordinário, isso é muito comum. Mas ser comum e apenas relaxar e ser alguém comum, isso é absolutamente extraordinário! E se você consegue aceitar que é uma pessoa comum sem nenhum rancor, nenhuma reclamação, com alegria, porque é assim que toda a existência é, ninguém pode destruir a sua felicidade. Ninguém pode roubá-la, ninguém pode tomá-la de você. Então, onde quer que esteja, você está feliz.

Todo ser humano é tão único que não pode ser igual a mais ninguém. Isso não significa que ele seja mais ou menos que os outros, significa simplesmente que todos somos únicos. E não existe essa questão de comparação, a comparação não vem ao caso. A rosa é perfeitamente bonita sendo uma rosa, o lótus é perfeitamente belo sendo um lótus, a folha de grama é perfeitamente linda sendo uma folha de grama.

Você não pode percorrer um caminho que os outros abriram para você. Você tem que caminhar e abrir o seu próprio caminho enquanto caminha. Não é que os caminhos sejam abertos para você e você simplesmente ande. Não. Você tem que criar o caminho caminhando; enquanto anda, você abre o caminho. E lembre-se, ele é só para você, para mais ninguém. É como os pássaros voando no céu, eles não deixam nenhum rastro para que outros pássaros o sigam. O céu fica vazio novamente. Qualquer pássaro pode voar, mas ele terá que fazer o seu próprio caminho.

Ficar sozinho é algo tão belo! Ninguém invadindo o seu espaço, ninguém o tratando mal. Você em paz para ser você mesmo e deixando que os outros sejam como são.

A pessoa integrada se basta, está inteira. E para mim isso faz dela um ser divino, porque está inteira. Sente-se tão preenchida que não há necessidade psicológica de uma figura paterna, de um deus em algum lugar, no céu, cuidando dele. Ela está tão feliz no dia de hoje que ninguém pode fazer com que tenha medo do amanhã. O amanhã não existe para a pessoa integrada. Este momento é tudo, não existe ontem nem amanhã.

Aceite a sua solitude. Aceite a sua ignorância. Aceite a sua responsabilidade e depois veja o milagre acontecendo. Um dia, de repente, você se vê sob uma luz totalmente nova, como nunca se viu antes. Naquele dia você realmente nasceu.

A religião não é senão um giro de cento e oitenta graus — do outro para você. À medida que você se torna mais consciente, mais natural, mais silencioso, mais à vontade consigo mesmo — sem luta, numa entrega profunda —, começa a ver hábitos que não têm sentido. E fica simplesmente impossível continuar a mantê-los. Não é que você decida deixar de tê-los. Ocorre exatamente o contrário. Um dia você simplesmente descobre: o que aconteceu? Por que não tenho mais esse hábito?

Um certo hábito que você costumava ter durante 24 horas por dia fica muitos dias sem aparecer, você nem se lembra dele.

Iluminação significa que você fica cheio de luz. Sim, é iluminador e não é causado por nada. Não vem de fora, é uma explosão por dentro. E de repente não existe mais nenhum problema, nenhuma dúvida, nenhuma busca. De repente você está em casa — pela primeira vez em paz, sem ir a lugar nenhum; pela primeira vez você está neste momento, aqui e agora.

A iluminação é uma experiência muito simples e comum.

Se eu já vi o céu, algo desse céu ficará gravado em meus olhos. Se eu já vi as estrelas, algo dessas estrelas fatalmente será refletido em mim. Não preciso reivindicar isso.

Se você olhar em retrospecto, com mais atenção e for mais fundo na sua existência, vai encontrar o lugar onde começou a se perder e a fortalecer o ego. Esse momento será um momento de iluminação, porque assim que você vê o que o ego é, o jogo termina.

Quando você está em silêncio, a verdade não aparece como um objeto diante de você. Quando está em silêncio, você de repente reconhece que você é a verdade. Não há nada mais para ver. Aquele que vê é o que é visto, o observador é o que é observado; não existe mais essa dualidade. E não é uma questão de pensar. Não há nenhuma dúvida, nenhuma crença, nenhuma ideia.

A consciência de um sonho é a morte do sonho.

Aconteceu comigo, então não há nenhuma possibilidade de não acontecer a você. Sou apenas um homem comum, assim como você. Se pode acontecer com este homem comum, então por que não haveria de acontecer com você? Possivelmente você terá que olhar de um ângulo ligeiramente diferente, talvez tenha que usar um método um pouco diferente. Talvez você tenha que avançar um pouco mais, talvez do seu lado a montanha seja um pouco íngreme, mas uma hora acontece!

Estou tentando lembrá-lo de que, no momento em que você estiver repleto de bênçãos interiormente, todas as suas perguntas vão deixar de existir. Não é que serão respondidas, elas vão desaparecer; vão se dissipar, não serão resolvidas. E, nesse estado sem nenhum questionamento, nenhuma dúvida, nenhuma crença — mas de total realização, contentamento —, o saber acontece.

Lembre-se: apenas o que você experimenta é seu de fato. O que você sabe, somente isso você sabe.

Não importa que seu saber seja muito pequeno. Deixe, não se preocupe. As sementes também são muito pequenas, mas a semente tem potencialidade. Ela não é uma coisa, é um ser que está pronto para eclodir — só precisa de uma oportunidade.

Chame isso de meditatividade, percepção — são apenas nomes —, mas a qualidade essencial é o absoluto silêncio, em que nada se agita em você, nada se move em você. E, nesse estado, a divindade existe.

A luz vai e vem, a escuridão está sempre presente. Quando há luz, você não pode ver a escuridão. Quando não há a luz, você pode vê-la. Mas ela está sempre presente, você não pode causá-la.

A luz tem uma causa. Você acende o fogo, coloca mais lenha. Quando a lenha acaba, a luz se vai. Ela é causada, portanto é um efeito. Mas a escuridão não é causada por nada, não é um efeito. Ela é a eternidade sem causa.

O nirvana é um fenômeno muito simples. Significa simplesmente soprar a pequena vela do ego. E de repente... A realidade sempre esteve lá, era apenas por causa da vela do ego que você não conseguia vê-la. Agora que a vela não está mais presente, a realidade está. Sempre esteve. Você nunca a perdeu. Não pode perdê-la mesmo se tentar. É a sua própria natureza, então, como você pode perdê-la? É você, o seu próprio ser. Sim, você pode, no máximo, se esquecer.

Agora, repare na ênfase. Não é uma conquista. A realização está no futuro, muito longe. A realização é difícil, pode ser quase impossível, levará tempo, exigirá vontade e determinação, luta. Não, a realidade não é uma conquista. Você não a perdeu. Mesmo se quiser perdê-la, não há como fazer isso. Aonde quer que você vá, ela irá com você. Ela é você, e como você pode fugir de si mesmo? Você pode tentar, mas vai sempre se encontrar. Você pode se esconder atrás das árvores e das montanhas, em cavernas, mas, sempre que olhar em volta, verá que você está lá. Aonde você poderia ir, se sair de si mesmo?

O nirvana, portanto, é exatamente como a escuridão. A luz é apagada e a sua realidade se revela, com toda a sua beleza, graça, bênção.

o início, havia silêncio, não som.
Durante, há silêncio.
No final, há silêncio.

Sobre **OSHO**

Osho desafia categorizações. Suas milhares de palestras abrangem desde a busca individual por significado até os problemas sociais e políticos mais urgentes que a sociedade enfrenta hoje. Seus livros não são escritos, mas transcrições de gravações em áudio e vídeo de palestras proferidas de improviso a plateias de várias partes do mundo. Em suas próprias palavras: "Lembrem-se: nada do que eu digo é só para você... Falo também para as gerações futuras".

Osho foi descrito pelo *Sunday Times*, de Londres, como um dos "mil criadores do século XX", e pelo autor americano Tom Robbins como "o homem mais perigoso desde Jesus Cristo". O jornal *Sunday Mid-Day*, da Índia, elegeu Osho — ao lado de

Buda, Gandhi e o primeiro-ministro Nehru — como uma das dez pessoas que mudaram o destino da Índia.

Sobre sua própria obra, Osho afirmou que está ajudando a criar as condições para o nascimento de um novo tipo de ser humano. Muitas vezes, ele caracterizou esse novo ser humano como "Zorba, o Buda" — capaz tanto de desfrutar os prazeres da terra, como Zorba, o Grego, quanto de desfrutar a silenciosa serenidade, como Gautama, o Buda.

Como um elo percorrendo todos os aspectos das palestras e meditações de Osho, há uma visão que engloba tanto a sabedoria perene de todas as eras passadas quanto o enorme potencial da ciência e da tecnologia de hoje (e de amanhã).

Osho é conhecido pela sua revolucionária contribuição à ciência da transformação interior, com uma abordagem de meditação que leva em conta o ritmo acelerado da vida contemporânea. Suas singulares Meditações Ativas **OSHO®** têm por objetivo, antes de tudo, aliviar as tensões acumuladas no corpo e na mente, o que facilita a experiência da serenidade e do relaxamento, livre de pensamentos, na vida diária.

Dois trabalhos autobiográficos do autor estão disponíveis:

Autobiografia de um Místico Espiritualmente Incorreto, publicado por esta mesma Editora.

Glimpses of a Golden Childhood (Vislumbres de uma Infância Dourada).

OSHO
International Meditation Resort

Localização

Localizado a cerca de 160 quilômetros a sudeste de Mumbai, na florescente e moderna cidade de Puna, Índia, o **OSHO** International Meditation Resort é um destino de férias diferente. Estende-se por 28 acres de jardins espetaculares numa bela área residencial cercada de árvores.

OSHO Meditações

Uma agenda completa de meditações diárias para todo tipo de pessoa, segundo métodos tanto tradicionais quanto revolucionários, particularmente as Meditações Ativas **OSHO®**. As meditações acontecem no Auditório **OSHO**, sem dúvida o maior espaço de meditação do mundo.

OSHO Multiversity

Sessões individuais, cursos e workshops que abrangem desde artes criativas até tratamentos holísticos de saúde, transformação pessoal, relacionamentos e mudança de vida, meditação transformadora do cotidiano e do trabalho, ciências esotéricas e abordagem "Zen" aos esportes e à recreação. O segredo do sucesso da **OSHO** Multiversity reside no fato de que todos os seus programas se combinam com a meditação, amparando o conceito de que nós, como seres humanos, somos muito mais que a soma de nossas partes.

OSHO Basho Spa

O luxuoso Basho Spa oferece, para o lazer, piscina ao ar livre rodeada de árvores e plantas tropicais. Jacuzzi elegante e espaçosa, saunas, academia, quadras de tênis... tudo isso enriquecido por uma paisagem maravilhosa.

Cozinha

Vários restaurantes com deliciosos pratos ocidentais, asiáticos e indianos (vegetarianos) — a maioria com itens orgânicos produzidos especialmente para o Resort **OSHO** de Meditação. Pães e bolos são assados na própria padaria do centro.

Vida noturna

Há inúmeros eventos à escolha — com a dança no topo da lista! Outras atividades: meditação ao luar, sob as estrelas, shows variados, música ao vivo e meditações para a vida diária. Você também pode frequentar o Plaza Café ou gozar a tranquilidade da noite passeando pelos jardins desse ambiente de contos de fadas.

Lojas

Você pode adquirir seus produtos de primeira necessidade e toalete na Galeria. A **OSHO** Multimedia Gallery vende uma ampla variedade de produtos de mídia **OSHO**. Há também um banco, uma agência de viagens e um Cyber Café no campus. Para quem gosta de compras, Puna atende a todos os gostos, desde produtos tradicionais e étnicos da Índia até redes de lojas internacionais.

Acomodações

Você pode se hospedar nos quartos elegantes da **OSHO** Guesthouse ou, para estadias mais longas, no próprio campus, escolhendo um dos pacotes do programa **OSHO** Living-in. Há além disso, nas imediações, inúmeros hotéis e flats.

http://www.osho.com/meditationresort
http://www.osho.com/guesthouse
http://www.osho.com/livingin

Para mais informações: http://www.OSHO.com

Um site abrangente, disponível em vários idiomas, que disponibiliza uma revista, os livros de Osho, palestras em áudio e vídeo, **OSHO** biblioteca on-line e informações extensivas sobre **OSHO** Meditações. Você também encontrará o calendário de programas da **OSHO** Multiversity e informações sobre o **OSHO** International Meditation Resort.

Websites:
http://OSHO.com/AllAboutOSHO
http://OSHO.com/Resort
http://OSHO.com/Shop
http://www.youtube.com/OSHOinternational
http://www.Twitter.com/OSHO
http://www.facebook.com/pages/OSHO.International

Para entrar em contato com a
OSHO International Foundation:

http://www.osho.com/oshointernational
E-mail: oshointernational@oshointernational.com

PRÓXIMOS LANÇAMENTOS

Para receber informações sobre os lançamentos
da Editora Cultrix, basta cadastrar-se
no site: www.editoracultrix.com.br

Para enviar seus comentários sobre este livro,
visite o site www.editoracultrix.com.br ou
mande um e-mail para atendimento@editoracultrix.com.br